把自由还给孩子

FREI UND UNVERBOGEN

Kinder ohne Druck begleiten und bedingungslos annehmen

[德]苏珊娜·米拉乌 —— 著
Susanne Mierau

洪樵风 ———— —— 译

漓江出版社
·桂林·

版登号：20-2025-105

图书在版编目（CIP）数据

把自由还给孩子 /（德）苏珊娜·米拉乌著；洪樵风译 . -- 桂林：漓江出版社，2025. 6. -- ISBN 978-7-5801-0213-3

Ⅰ . G78

中国国家版本馆 CIP 数据核字第 2025RN6183 号

把自由还给孩子
BA ZIYOU HUANGEI HAIZI

[德] 苏珊娜·米拉乌　著　　洪樵风　译

出 版 人　梁　志
策划编辑　杨　静
责任编辑　林培秋
封面设计　韩庆熙
内文设计　周泽云　宋昆宸
责任监印　黄菲菲

出版发行　漓江出版社有限公司
社　　址　广西桂林市南环路 22 号
邮　　编　541002
发行电话　010-85891290　0773-2582200
邮购热线　0773-2582200
网　　址　www.lijiangbooks.com
微信公众号　lijiangpress

印　　制　北京博海升彩色印刷有限公司
开　　本　880 mm × 1230 mm　1/32
印　　张　7
字　　数　165 千字
版　　次　2025 年 6 月第 1 版
印　　次　2025 年 6 月第 1 次印刷
书　　号　ISBN 978-7-5801-0213-3
定　　价　60.00 元

目录 /contents

导　言

　　父母与孩子的关系会影响孩子的一生。"种瓜得瓜，种豆得豆"，父母的育儿方式决定了孩子的心理、情感和身体如何成长。因此，大多数父母都希望孩子能够拥有良好的起点，从而受益终身。至于这个起点究竟是什么样的，众说纷纭，毕竟童年不单只有一种。不过，一些研究明确地表明了，为了当下的身心健康，也为了能够在未来应对气候变化和社会变革所带来的巨大挑战，孩子们都需要什么能力。然而，当今的教育仍然远远做不到培养这种应对未来的能力，也做不到在当下给予孩子作为人所应得的且为健康成长所必需的尊重。孩子享有非暴力教育——免于身体和心理的暴力——的权利，虽然人们希望并致力于实现这一目标，但实际上却很难做到，比如随处可见的对孩子的打压、羞辱、"撤回爱"、威胁和贬低等。甚至，父母常常意识不到自己对孩子缺乏尊重，想要扭曲他们，按照自己的意愿去塑造他们。比如，把孩子当作"未成年的小动物"①来对待，给还不识字的小女孩穿上印着"小羊"的 T 恤——尽管是出于善意地；在日常生活中，常常用类似"如果……就……"的句式来威胁孩子服从；更别提逼迫孩子在椅子上静坐，或是在家庭和幼儿园中流行的"暂停思过"（Auszeit）了。

即使打出了"关系代替教育"的口号，采用注重情感联结和以需求为导向的育儿方式，仍会出现一些让人不知所措的情况——行动与真正想要的不同。这种把孩子当作独立个体，保护并支持其个人生活的新观点，以及如今以需求为导向的理念，都不是具体的方法，而是必须从根本上理解并内化的一种态度。为此，所有阻碍将孩子当作希望得到尊重、不受压力和强权行为影响的个体来对待的因素，都应该受到正视。除了成年人所主张的关于个性和发展的权利之外，孩子还有源自其儿童身份的特殊需求。为了当下，也为了未来，孩子需要一种符合其自身的思考方式，需要真正的权利，以及能在当下保护自己并在未来增强能力的环境。孩子需要一种情感上健康的共存方式，来获得支持和关爱。然而，在如今的世界里，对孩子的保护并不是依靠良好的人际关系，而是依靠技术、距离和监视来实现。孩子的成长需要一个健康的情感和人际网络，而父母需要构建一个不带价值评判，只给予支持的家庭网络。

为了孩子，也为了自己，父母应当做到，也必须做到这些。在不断尝试去公平地对待孩子的过程中，父母总是触碰到自己的极

---

① 原文为文字游戏，"PuberTIERE"，组合了青春期（Pubertät）和动物（Tiere）两个词。——译注

限，不禁心生厌倦——厌倦了孩子的"不听话"，感慨教育总是如此费力；厌倦了孩子总是不去做父母想让他们做的事情；厌倦了总是要向自己解释，孩子为什么是这个样子；厌倦了有时候都已经不太清楚自己到底是谁，如何倾听自己的需求，以及想要或者应该成为什么样的父母；厌倦了过去不被关注，如今为人父母依然不被关注。当我们抱怨在没有支持和榜样的情况下陪伴孩子走向不确定的未来时，常常会遭到反驳："教育很简单啊！"或者"如果你不会和自己的孩子相处，当初就不该要孩子！"父母似乎不该犯任何错误，也不敢去承认错误。一直要戴着完美的面具也让人厌倦不已。

即使父母能够认识到孩子是独立个体，接纳其原本的样子，陪伴他发展其个人的需求和能力，也仍然不可避免地被个人经历以及社会过往的阴影所笼罩。因此，只有直面这些阴影并克服之，才能以一种自由的眼光来看待孩子，才能更轻松地陪伴孩子走上其想要且必须走的人生道路。对此，家庭治疗师雅斯帕·尤尔（Jesper Juul）贴切地写道："大多数父母对孩子真正的想法和感受不感兴趣，他们感兴趣的是，孩子应该如何思考和感受。"[1] 父母对于孩子应该成为什么样、寄予何种期望有所设想，但往往忽略了站在面前的这个孩子本身；在试图将之塑造成某种样子之时，忽略了孩子是一个独立个体。孩子不需要被塑造，而是需要自由地成长。孩子既非可以被捏塑的泥块，也非父母用来排解情绪、弥补过失和治愈伤痛的镜子。问题与其说是该如何对待教育行为中的责骂、吼叫和越界，不如说是父母为什么会认为自己应该去塑造孩子。

孩子必须能够自由地、不受限制地、充满爱地成长，才能应对当下和未来的挑战。近年来，由于欧洲移民危机、气候变化、自然灾害，以及科技的进步，人类的生活发生了翻天覆地的变化，以至于传统的思维方式和旧有的解决方案已经跟不上时代的变化了。社会需要变革，而这种变革只能靠孩子来推动，因为孩子不是在旧有的（教育）权力、暴力和世故所构成的教育结构中长大，有机会在情感和心理上都健康地成长，并把由此内化的价值观传播到社会上。这些价值观包括：灵活性、专注力、同理心、公正、宽容、乐于助人、可持续性和远见等。

阿斯特丽德·林格伦（Astrid Lindgren）四十多年前在法兰克福的圣保罗教堂做演讲时就说过："一个被父母充分爱着并且也爱父母的孩子，会与世界建立充满爱意的联系，并将终生保持这份爱意。就算将来没有成为引领世界命运的人，这对孩子来说也是有益的。如果这个由爱而非暴力塑造的孩子出人意料地成了领导者，那么将会造福所有人。"[2] 只有不再基于不平等的权力关系去思考，而是以平等的姿态给孩子们打下健康和充满爱的基础，使之在生活中关注社会公益、创造力、共同体和资源保护，社会才能积极地朝着一个健康的、可持续的方向发展。

这听起来像是一项艰巨的任务，甚至使人焦虑，但我们不能气馁。因为恰恰是现在，父母要行动起来，做出改变，鼓励自己走向一条全新的、不同的道路。埃里希·弗洛姆（Erich Fromm）早在1976 年便在他的知名著作《占有还是存在》（*Haben oder Sein*）中写道："人类的物质生存有史以来首次取决于人类心灵的根本变革。"[3] 多年来，人们一直在朝着这一点发展，而当前全球的危机表明已经到达这一节点了，不能再这样继续下去了。简而言之，必须改变教育思想以拯救世界。必须重视孩子及其成长的价值，承认童年对于幸福的重要性。如果不重新审视当前的教育思想，人类就会错失未来能够健康、可持续地生活的机会。本书便是围绕着教育所必要的变革以及与之相应的、在日常生活中与孩子相处的另一种视角而展开。

作为父母，用这种"新型教育"来指导自己并不容易。基于压力、权力和暴力的教育方式已经深深植根于文化和个人经历中，有时人们能意识到，但大部分时候意识不到。暴力通常包括殴打、持续羞辱和性侵犯等方式，这些行为显然是错误的；此外，还有一些伤人的方式深埋于不可见的潜意识之中，比如不愿与孩子一起活动，不愿有共同的感受，尤其是不愿因为孩子而焦虑。父母看不到这些，但有时能感觉到。除了家长的经历和教育方式，孩子在其他家庭、托儿所或学校里，会遇到别的教育态度和童年观念，而那些态度和观念往往也不重视孩子的需求，因为人们总是在不符合儿童天性的结构中经历童年——这种习以为常的结构应该被瓦解。

当然，没人能够一直做对的事情，也没必要如此。但应当做到的是，让孩子带着足够的爱、尊重和理解长大，从而在塑造自己的人生和世界时不会有那么大的负担和伤痛。人们需要知道，哪些负担对于孩子来说是过重的，哪些负担相对较轻，是可以承受的；另外也应该知道，什么是无论如何也要传递给孩子的，以及如何承受住压力做到这些事。不按照过去所学的方式来行动是被允许的。改换视角不仅可以改变自己的态度，也可以改变这个社会的状况：如果知道孩子真正的需要，以及父母什么事情不能做不该做，就可以在自己家中，乃至在托儿所和学校中，致力构建一个符合孩子天性的环境。

有时父母意识不到自己对孩子所造成的伤害，因为刚开始教育之路时总是乐观地以为一切都会好。然而随着孩子长大，问题逐渐出现，直到那一刻——准确地说，此时孩子正到了父母与上一代之间发生问题，留下伤痛回忆的年纪——父母才会意识到个人经历投射到自己身上的阴影。

因此我提出了一些问题，你可以借此来评估这本书是否能帮到你，使你松绑自己的思想，正确地对待孩子，避免日后产生某些教育问题。之后本书还会更深入地探讨此处提到的几个方面。在此之前，你只需要回答"是"或"否"。

● 关于童年的问题

☐ 你的父母是否采用过体罚（殴打、粗暴对待、推搡、扇耳光）或精神惩罚（恐吓、威胁、责骂、贬低）的管教方式？

☐ 你是否有过这样的想法：你是为了父母的意愿而非因为自己而继续坚持某些爱好？

☐ 你是否需要照顾父母或其中一方的情绪（比如安慰、包容、亲近等）？

☐ 你是否被劝说或强迫与别人进行身体接触（比如"亲奶奶一下""握握手表示欢迎"等）？

☐ 你是否在童年时被禁止有某种情绪（愤怒、悲伤、拒绝）？

☐ 当你对父母表现出愤怒或拒绝的情绪时，你是否受到了惩罚或责骂？

☐ 你是否（偶尔）害怕你的父母？

☐ 你是否希望自己的童年有所不同？

☐ 如今你与父母之间的关系是否紧张？

☐ 你是否希望父母仍能做出改变？

● 关于家庭日常生活的问题

□你是否常常不知道接下来怎么办，感觉教育压根不起作用？

□你是否希望孩子能够不受限制地长大，却不知道具体应该怎么做？

□你是否认为现今生活有所变化，孩子会需要一些能力来为未来做准备，而现在社会对这些能力不够重视，例如创造性的学习、灵活性、合作代替竞争？

□你是否常想：我根本不想要这么做？

□你是否觉得，很难在情感上陪伴孩子？

□你是否很难接受孩子没有成长为你所希望的样子？

□你的家庭生活是否充满争端？

□你是否担心，孩子"究竟会变成什么样子"？

□你是否苦于家庭生活之中表现出来的担忧和焦虑？

□你是否担心，孩子在核心家庭之外——托儿所和学校等更广的圈子中会被怎么照管？

如果对于大部分问题你都做出了"是"的回答，那么这本书可以帮助你反思自己与孩子之间的关系和相处情况，并做出改变。

这本书可以在许多不同层面上陪伴你、支持你：书的第一部分探讨了教育的本质，人在教育中追求什么，实际上又造成了什么结果。第二和第三部分着眼于过去，讲述与孩子相处中的问题从何而来。数代人以来，错误的观念和教育方式加重了这些问题，而这本书会给出怎么在具体情境下采取与过去不一样的行动方案。认识到这些错误，往往会感到痛苦和压力，而且容易萌生罪恶感。书的第四部分会探讨，为什么父母总是犯错，为什么父母有理由犯错，以及如何以新的视角宽容地审视错误。如果你在书的某个部分受到触动，感到害怕或担心，那么可以重读或者跳到其他章节来鼓舞自己。清楚了自己和社会职责之后，就可以进入第五部分，看看孩子的实际需求——不再带有偏见，而是将孩子看作有需求和能力的独立存在。你会看到，怎样陪孩子度过人生旅程中的童年阶段才是好的，以及哪些辅助工具能提供实际的助益。此外，此书并非一本使用说明：它并不教导你，不会向你明示正确的教育方法或具体途径；它会向你展示其他父母的例子——多年来我为父母们提供咨询和陪伴支持。这本书鼓励你切实地认识你的孩子，助他走上正确的道路。尽你们所能，也依据你们的需求。

也许你可以很好地理解这本书的一些方面，而对另一些方面则感到困难。也许你会遇到一些细想之下使你感到痛苦的点。如果你觉得太过困难，那么请把此书暂时放在一边。也许你现在的力量还只够稳定地维持日常生活，不足以处理过去的遗留问题。人类的文化发展至今，大家都还在重新学习教育、重新生活的路上。每个人都是学习者。欢迎你写信告诉我们，书中哪些地方帮到了你，而什么地方没有帮到。人很难在一夕之间就更新思想，改变行为。因此，不妨慢慢地读这本书，在每个章节做出自己的思考。也许你可以在笔记本里记录一些东西，思考这能给你带来什么，如何改变对孩子的观点。为了支持你这么做，书中设置了反思单元。着眼于孩子实际的需求，家长也会看到自己需要，或是本该需要什么。

今天的教育如何起作用？

"爱孩子意味着让他做自己。"

——雷莫·拉尔戈（Remo Largo）

与孩子一起生活如此美妙：湿润的亲吻，温暖而柔软的拥抱，小手放在大手中，一起欢笑，发现相似点并欣然一笑，在孩子第一次班级旅行之后拥抱他，晚上一起看电视……

与孩子一起生活如此艰难：激烈的情绪，不得不忍受孩子的脾气，捍卫自己的需求且需要平衡孩子的需求，经常感到无助，被别人管束，互相争吵，说一些违心的话，必须做出决定并为将来焦虑……

父母对孩子负有责任。在第一次拥抱孩子的时刻，这种信念瞬间涌上心头：我必须为你负责，我必须为你操心。同时出现的还有这些问题：我怎么才能做到？我做得对吗？

问题并不会因为孩子长大而变少，正相反，孩子表达得越多，父母与之在某些点上越背道而驰，对于以下问题就越不确定：必须做什么，该做什么和能做什么；谁听谁的，是孩子听父母还是父母听孩子，抑或必须达成共识。这种共同生活究竟该怎么运作？该怎么把孩子生活所需的东西教给他？要怎么才能知道，他现在和之后需要什么？当我伤害到这个小小的人儿时，要怎么办？

"以前为孕妇以及新手父母开设课程时，经常有人向我索要育儿指南——有的父母希望为孩子的加入做好准备；有的父母希望我指导一下如何添加辅食，或者如何面对越来越自主的孩子。怀孕期、婴幼儿期、学龄前期、学龄期和青少年期，每个阶段都会出现许多问题。问题在于如何处理孩子的需求，如何将之与大人的需求相平衡，分辨想要和需要的区别在哪里，以及如何让孩子走上所谓的正确的道路。父母想把最好的都给孩子：从怀孕开始，就对着肚子播放"莫扎特"；等孩子出生后，又思考多久抱一次孩子才不会把他宠坏。在为人父母的整个过程中，我们会遇到无数的问题，都与教育子女有关。

父母对于孩子及其未来有所设想，并帮助他实现这个目标，这就是教育通常的定义。这种目的导向的教育观念深深植根于父母的意识之中，既包括关心的观点（"我要为孩子的未来做准备"），也包括警示的观点（"若不教育，孩子便无法成为对社会有价值的人"）。两种观点的前提都是，孩子在某种意义上来说是不完整的，不知道什么是好什么是坏，可以通过某种手段被塑造为社会性的人。到底怎样的教育风格才是正确的？虽然当下人们已经脱离各种教育概念、名词和行为纲领的漩涡，但是对于这个问题仍然没有明确的答案。独断式的教育过时了，但反独断式的也好不到哪里去。你的教育风格究竟是专制的、宽允的、自由的，还是说归属于"非教育"运动？是否需要把自己归入某种教育流派，还是有一个大致的方向就足够了？孩子必须被教育，还是可以不教育？父母要怎么做才能很好地陪伴孩子？若要让孩子成为有价值的人，用什么方法才是正确的？

不同的教育风格

教育风格描述了"一系列典型的基本行为和态度"[1]，这些可以从父母在许多不同场景下的表现中识别出来。重要的是，这些描述只关系到父母本身，与成就无关，因为教育只是尝试施加影响。当父母的沟通和孩子的信息接收不匹配时，这种尝试很可能就收不到预期的效果。这时，问题要么被算到孩子头上（儿童行为异常），要么被算到父母头上（家长教育失败）。

专制的教育风格[2]

专制风格的基本含义在于，父母的权威是迫切必要的，孩子不可偏离规则。孩子更多地是客体而非主体，并不作为个体存在被人体察。孩子的意见没有价值，他必须适应他人并被一只强力的手所主导。

独断的教育风格

独断的教育风格与专制风格类似，都是建立在上下级关系上。父母拥有权力和决定权，在大部分情况下直接做好决定。父母依靠规则和纪律来进行教育，通过奖惩来影响孩子的行为。孩子必须遵从父母的安排，没有讨论的余地。

权威的、民主的教育风格

权威的教育风格通过规则和标准对孩子的行为施加影响。如果孩子违背了这些东西，父母会以可预见的、一以贯之的方式做出反应。他们在孩子身上投入情感，也希望孩子能独立。孩子的建议和需求会被倾听，父母有时会因此调整自己的行为。

民主风格，这种说法源自社会心理学家库特·列文（Kurt Lewin），他用这个概念来指代介于独断和自由放任之间的教育风格，然而这主要是关于青少年工作的概念。如今人们常常以"权威的教育风格"来代替这种提法。

平等的教育风格

这种教育风格注重平等，父母和孩子置身于同一个水平面，拥有相同的权利和义务。孩子的意见会被关注，就像父母的意见一样。

宽允的教育风格

在宽允的教育风格中，父母倾向于退居幕后。这是自由放任主义的折中形式。孩子要对自己的需求负责，而父母只需要在孩子主动要求时提供一些指导和帮助。

自由的教育风格

采取这种教育风格的父母是消极的，并不为孩子的发展设定框架和方向。父母对于孩子的行为不置可否，只关注最重要的东西，这可能会导致对孩子的忽视。

视而不见的教育风格

在这种教育风格中，教育始终停留在起点，父母对孩子的成长毫无兴趣。孩子没有规则、框架或保障，父母也不提供情感联系。孩子在身体和感情上都被忽略，甚至演变成一种虐待。

非教育

"非教育"这个概念回避了教育，因为教育被看作是在"遵循别人认为正确的方向去塑造一个人，而非自己认为正确的方向"[3]。

关系代替教育

卡塔利娜·萨福兰克（Katharina Saalfrank）主张"关系代替教育"的方法，这偏离了传统的教育方式，强调对话、开放性和宽容的亲子关系。[4]

一些父母遵循着家庭传统，在与孩子打交道时没有做出太多改变；另一些父母则觉得，重要的是去做和其他父母不同的事。例如，一旦觉得自己所受的教育并没有让生活变得更容易，甚至造成了显著的困难，有些人就会批判父母过于严厉的教育观念，有些人则嫌父母管得太松；有些人遭受过生理上的暴力，有些人遭受过心理上的暴力；有些人指责父母的过度保护，有些人则觉得自己承受了太多；有些人批判父母让自己的成长中只有奖励和消费，有些人则怨恨父母是环保主义者，连塑料都不许自己使用。每个人对于教育都有自己的经验，有自己的意见，可能你一度问过这个问题："如果我父母的行为改变了，我会成长为什么样的人？"而多数人都曾一再不快地感觉到，自己曾被塑造乃至扭曲。孩子真实的样子不被接受：不管是被强迫去上大提琴课，还是女孩被禁止玩"男孩玩具"、男孩被禁止穿裙子，或是在学校里成绩不够好，在全家福里看起来不够"美"。

反思：
亲子共同决策的测量表

　　把自己精准地归入某种教育风格并不容易，因为不同风格之间的界限并非那么一目了然。而且对于日常生活来说，百分百确定自己的风格也没必要。但是为了进一步阅读这本书并认识自己的观点立场，你可以从根本上思考如何权衡家庭中的决策权：作为父母，你更倾向于发号施令，还是心平气和地顺应孩子？你的童年是什么样的？

　　在测量表上标出你认为自己家庭所处的位置。随着时间的推移，许多家庭的位置也会发生改变：在婴儿阶段，家庭更多地以婴儿为导向；在幼儿阶段，则常常朝着另一方向发展；最终，会趋于平衡。这种关于时间如何影响家庭的观察也是有帮助的。

依恋关系

    教育在人们身上留下了印迹。它决定了，人是否有安全感，是否对自己和自己的能力有良好的认识，是否有能力改变自己，从而在将来很好地应对困难和压力。在准确认识自己的过程中，与身边人的依恋关系至关重要。于是，在整个人类历史中，依恋关系的系统形成了：这是一种行为系统，它要确保孩子在最初的岁月里至少和一个亲人[5]产生依恋，并且通过行为来保证这个监护人对自己的照顾。婴儿给出信号，确保在理想情况下自己能得到食物、保护和护理，情绪上的需求也能得到满足，从而实现心理的健康发展。在刚出生的一段时间里，婴儿能用的信号还比较少：要么哭，要么叫。后来，他可以通过一些动作来寻求亲近——追着人翻滚、爬行、跑动，紧紧地抓住监护人；还有其他的可能性，例如嘟哝，以及再后来的语言、表情和动作。监护人对婴儿发出的信号做出反应，由此彼此之间逐渐产生依恋，这通常在孩子三岁前形成。这个依恋系统对孩子来说非常重要，以至于别的成长任务都要为它让路。[6]在孩子的眼中，这个亲人是最重要的，因为他使自己得以生存。这也意味着，孩子在最初的几年里不会置疑这个亲人的任何行为——他就是对的。孩子如果在他那里体验到某种形式的暴力（身体的或情绪的，撤回爱、羞辱等），只会在自己身上找错误，觉得是自己的问题导致了监护人的这种行为：[7]"我被这么对待全是我的错，因为我总是太吵／太精力旺盛／太蠢……"孩子会渐渐形成印象——自己是怎样的人，应该是怎么样的人。若他体会到必须成为某种特定的样子，就会尝试相应地去做出改变。"男孩不应该玩娃娃，必须总是阳刚且勇敢""女孩只能玩娃娃，喜欢粉红色并充满同情心"就是这样一种印象。

只有确定了这种依恋关系的稳定性，孩子才会开始探索周围的世界，并逐渐发展能力，从而更多地对自己产生影响，努力确保自己的生存。另外，对自身情感的理解也起了重要的作用。在这方面，孩子最初也是依赖亲人，从中获得与之相处的能力，这对以后在社会上生活也是有必要的。孩子学会把自己看作一个独立的人，并根据自己的所有经验来行动。因此，最初的几年对孩子自我印象和依恋关系的形成至关重要。根据亲人对孩子发出的信号的不同理解，这种依恋关系会具有不同的性质。如果信号被及时接收到，得到了正确的理解和回应，那么孩子会觉得自己被照顾得很好，并且在与成人的交流中学会越来越清晰地表达自己的需求。由此，孩子形成了稳定的依恋关系和良好的自我印象，知道别人会支持自己并在必要的时候伸出援手。他会逐渐知道，能期待父母做出什么样的行为，并调整自己的行为以适应之：自己会被关怀备至，自己的需求会得到满足，尽管随着年龄的增长也许得等待得久一些。相反，如果发出的信号总是得到不可靠的回答或被有意回避了，孩子就无法形成稳定的依恋关系，因为无法建立信任。孩子的自我印象也无法顺利形成，因为他内心会觉得，自己不可能得到理所当然的帮助、保护和支持。他感受不到自己的需求被稳定地满足，必须一遍一遍地为之争取，或者干脆放弃。

在德国，只有 50%~60% 的孩子拥有稳定的依恋关系[8]，其余孩子依恋关系的质量则参差不齐。到了这一代，情况也没有什么不同。大多数人都没有稳定的依恋关系，总是缺乏安全感，感到无能为力，或是多多少少被"扭曲"。童年为后来的生活和反应方式——虽说这些在童年之后并非一成不变——奠定了实质性的基础。缺乏安全感的依恋关系不一定会形成障碍，但是会对孩子的行为控制方面造成影响，例如易怒、不合群，而这些问题通常发生在学龄前后。如果依恋关系被破坏（遭受了暴力、剥夺，或是因为父母身上未能消解的创伤），那么孩子的心理方面可能会出现一系列问题，诸如暴力倾向增强、不能控制情绪、自卑及受到同龄人排挤等。[9] 根据德国精神病学与心理疗法、心身医学与神经医学协会的说法，德国大约有 27.8% 的成年人患有心理疾病，即一千七百八十万人。[10] 这些心理疾病并非全部源于童年的创伤，但是童年的创伤会把抑郁和焦虑症的发病率提高两倍，会把饮食失调症出现的频率提升三至五倍，还会让自杀率升高；有些不源于或不完全源于器质性病因的身体疾病，诸如疲劳综合征、纤维肌痛和肠易激综合征，也会更容易出现；除此之外，还有二类糖尿病、中风和冠状动脉疾病等。由于童年的创伤，身体的压力反应发生了改变，结果导致一系列的身体变化，甚至是脑部的变化：海马区和前额叶皮层萎缩，可能会引起认知障碍；而主要负责协调恐惧情绪的杏仁核生长，会提升患焦虑症的风险。[11]

所以，父母与孩子打交道的方式对其未来发展极为重要，且会影响孩子的一生。在书的第二部分可以看到，对于这几代人来说，童年充满了压力，许多人在身体或心理上都承担着重担。反思一下自己的童年，会知道这样那样的问题都来自童年压力，或者感受到自己的童年是多么地不幸，就应该做出改变。

新方法会带来改变吗？

市场上有许多教育咨询师，会回答诸如孩子怎么睡得更好，怎么变得不那么固执，或者当孩子不服从时，成年人怎么控制内心的愤怒等问题。"不要做这种会伤害孩子的事，要那样做！"一个又一个观点层出不穷，却很难取得预期的效果。尤其是对于比较大的孩子，家长越是尝试新的教育观念和方式，就会发现亲子之间越是疏远：试图让自己和孩子适应新事物，但彼此已经很难融合在一起了；与此同时，不管家长还是孩子，都会对自己感到陌生。

这涉及一个在研究中一再被讨论的要点：教育咨询师有时让人更加迷茫——向父母许诺一定成功，却不能保证这种成功，或者说，虽然做出了对于教育来说非常必要的反思，但是却用推卸责任、笼统的解决方法来应付。[12] 最后，要是幸运的话，人们保持和之前一样；但大部分时候会遭遇新的问题，获得更多的负罪感。

事实是，每个孩子都不一样，每对父母也都不一样，其中的问题是复杂的，不能通过简单的、笼统的方法来解决。教育永远是一种尝试，相互配合很重要。如何教育孩子最好，并没有一个标准的答案。教育孩子不是使用机器，不可能一按下按钮，就得到一个结果。孩子是人，对于刺激有不同的感知和反应，有不同的脾气和能力。不同的行为和行为方式会对孩子产生不同的作用。例如，婴幼儿在自我安慰和平复情绪方面的能力就不尽相同：有些可以通过话语、轻摇和抚抱快速地得到安抚，另一些则不能。所以，"你只需要把孩子抱在怀里轻轻摇晃"，这种形式的安抚手段并不对所有孩子都起作用。每个孩子需要什么都得具体分析。还有，孩子的兴奋度、活跃程度、受干扰的可能性和对于内心状况的表达，都是因人而异的。[13]

通常，问题的解决最终不在于具体的指导和方法，而在于去了解事情背后真正的成因。重要的是，以什么眼光来看待孩子、孩子的需求和亲子关系。重要的是，做什么样的父母，如何行动。解决问题的方法是次要的——有时，一旦明白了"教育"这个观念和对于受教育孩子的印象到底是否正确，问题也就迎刃而解了。

~~~~~~~~~~

卡特琳和托马斯一直因女儿米娅的问题忧心：在工作日晚上，米娅看起来很累，但就是睡不着。卡特琳希望米娅晚上七点睡，这样劳累的自己才有时间休息。卡特琳和托马斯尝试了许多方式来"哄"米娅睡觉：读各种各样的书，在睡前给她做安抚的按摩，经常和米娅一起躺在床上——有时是卡特琳，有时是托马斯，有时两人一起——听广播剧，努力让她在幼儿园放学后过得平静，从而温和地过渡到睡眠时间。这些都没有什么用：米娅老是睁开眼睛想要玩，却又揉揉眼睛觉得困了。儿科医生建议遵循固定的作息时间，米娅总有一天会适应的。只有这样，她才能保证这个年纪的孩子所需的睡眠时间。卡特琳如此疲惫，以至于曾尝试把不情不愿的米娅固定在床上，最后两人都哭了，而米娅哭累后睡着了。于是，医生提出的方案宣告无效。最后的解决方法是通过与米娅的谈话得到的。在这次谈话中，他们尝试弄明白米娅晚上为什么总是想要玩。原来，四岁的米娅正处在一个想要逐渐参与决定与自己相关的事情的阶段——我们称之为自决阶段。下午的日程和睡觉的"命令"对她来说太束手束脚了；她不能在幼儿园放学后自己做决定做什么。此外，她只是想和父母安静地再玩一会。解决办法是，让米娅积极参与下午的日程，允许她在晚饭前有一个游戏时间，可以自己决定玩什么，而托马斯会按照她的意愿一起玩。此时，卡特琳可以获得一个安静的时间做晚饭，在那之后便有足够的精力哄米娅上床睡觉。

许多问题的原因都是，家长并没有真正地看清和理解孩子，总是不顾孩子真实的样子，只遵循自己的想象。问题不是"宝宝车还是家庭床""关在家还是批评一顿"，而是：到底为什么不能无条件地把孩子看作一个独立的人，以他来指导大人的行为？为什么会觉得，孩子必须遵循大人的设想——即使偶尔也会觉得完全不知道为什么"事情应该这样做"，仅仅"因为孩子必须被教育"。

如果我如此负面地评价自己"被扭曲"的记忆，相信许多人都有过类似的经验，那么问题也许不是在于手段，而是在于"被扭曲"这种情形。问题并不是做什么才是对的，而是：怎么才能学会正确地认识孩子；怎么才能从特定的思想和期待中摆脱出来；为什么这种特定方式的教育仍然被宣扬；如何才能使孩子和自己以相互尊重的方式交往，并且充分地克服家庭生活中困难的时刻，而不让孩子或自己在那之后感到窘迫、疲惫或被误解。

反思:
发现自己身上的扭曲

　　你记得自己童年时代的愿望和目标吗?有哪些爱好是你无论如何都想做,却没有做过的?你曾想成为什么样的人?你曾想去哪里旅行?

　　另外,你曾经违背自己意愿做过什么事,学过什么,去过什么地方?想想,有没有三件事是你不能做,却必须要做的?今天想起它们,你的心情如何?

为什么还要教育？

可以看到，笼统的方法和建议在大多时候都不适用于与孩子的交往。然而，家长在与孩子的交往过程中仍然遵循一些指导方针、计划和方法，比如关于睡眠时间和规矩、辅食计划，以及接触电子媒体的时间等方面。人们并不是"凭感觉"来教育，而是潜移默化地遵循着计划，虽然计划常常达不到预期效果。那么如果不遵循计划会发生什么呢？由于对计划的依赖以及缺乏更好的知识，大部分人仍执着于计划并尝试贯彻之，不论结果如何。这也带来了额外的压力，但人们很难从行为中发现这个问题，因为不知道还有什么别的方法和可能性。

这些问题引发了对于教育概念的广泛讨论，在家长之间，也在教育学界。教育学家卡塔利娜·萨福兰克写道："教育不仅是多余的，往往还会导致伤害。"[14]，此外，丹麦家庭治疗师雅斯帕·尤尔说："教育不只累人，还没什么用。"[15] 他们承袭了那种驳斥教育概念的传统，20 世纪 70 年代，埃克哈德·冯·布劳恩米尔（Ekkehard von Braunmühl）以"反教育学"的概念引入了这种思想，而爱丽丝·米勒（Alice Miller）在精神分析的视角下延续了它。布劳恩缪尔把教育解释为错误的方式，认为教育是"把孩子看作人的原料，无论获得何种品质都很乐意"[16]。教育通过教育学的手段对孩子的成长和行为产生影响。

社会学也认为教育是改变人与社会的重点。社会学家和社会理论家尼克拉斯·卢曼（Niklas Luhmann）在 1991 年对此解释道："世界不是如其所应当的样子存在着，所以人必须要进行教育。"[17] 根据卢曼的说法，通过社会化和教育，孩子从一个人（Mensch）变为一个人格（Person）。在《规训与惩罚》（*Überwachen und Strafen*）中，哲学家米歇尔·福柯（Michel Foucault）追踪了社会中的惩罚和权力结构，并在学校和监狱之间画上等号。福柯深刻揭示道：学校教育所推行的规训，本质上是在培养孩子顺从、恐惧、羞辱与麻木——这些特质与情感状态扼杀了创造力与自主行动能力，却恰恰符合社会对驯服而缺乏创造力的人的需求。即使家长自己的教育，也是通过行为来影响孩子，根据社会的需求来塑造孩子。众所周知，孩子会反抗，会拒绝配合，要想塑造这样一个活生生的主体并不容易，所以必须采取教育措施。正因如此，数百年来，教育手段不得不诉诸身体与精神的双重暴力。

在社会的节点上
重新思考教育

要想理解，为什么教育问题及其给孩子和社会带来的负面结果日益尖锐，就必须刨根问底："适应社会"是过去一个世纪以来关于孩子成长的指导计划。孩子必须融入社会并接受其价值观，从而确保其生存。孩子还拥有一种经济价值，因为在少年时期就能够被培养为家庭的劳动力，实现家庭的富裕或起码的生存。为此，他们很早就被抹去一切童真。更重要的是，保存社会的现状和现有的价值观——稳定、生长、消费、富足。上一代过得越好，孩子就越有必要延续这种富足，适应就业市场，从而保证收入，不至于威胁到财富和秩序。富足日渐不能满足人的基本需求，"它首先满足了对自我实现和尊严的需求。而这些需求不仅永远无法被完全满足，还会不断生产出新的需求……人们被困在一个'浪费资源的机器'里。然而，这种富足仍然称得上是好生活的象征"，气候活动家路易莎·诺伊鲍尔（Luisa Neubauer）和亚历山大·雷佩宁（Alexander Repenning）如此解释了经济学家马丁·科尔玛（Martin Kolmar）的观点。[18] 而对儿童需求的压抑，以惩罚为手段的教育，以及对只能促进消费的奖励系统的关注又加重了这一点：如果感觉自己被排挤或不合群——这可能源于被父母忽略的体验，大脑里那些和身体伤痛相关的中心就会被激活。人们用奖励，例如消费，来平衡这种伤痛。在生活中可以观察到这种情况：孩子不高兴，因为没有得到足够的关注、爱和尊重，但父母并不如孩子所愿地对其伤痛和情绪做出反应，而是给予玩具、糖果或别的消费品。老实说，谁没有通过消费来奖励自己熬过了辛苦的一天或实现了目标呢？消费可以促进大脑分泌大量的多巴胺，这是一种对抗伤痛的防护策略。当它与其他成分，例如一种基因的素质结合时，这种奖励机制也可能成瘾。

英国心理史学家和精神分析师尼克·达菲尔（Nick Duffel）研究了一批孩子的经历。这些孩子在英国的精英学校里长大，很小的时候就和父母分开了，虽然得到了很好的教育，但在寄宿学校里的生活和学习完全以适应和成功为目的。达菲尔解释道："神经科学告诉我们，没有感情就不能做出好的决定。为了使行为符合价值观，并准确地进行判断，人们需要感情。简单来说，就是共情。如果人们不允许这些孩子共情——在这个充满规矩的机构里，事情会很难办。"[19] 虽然许多家庭不一定像精英学校这样充满规矩，但这种对环境的适应和上下级的结构，以及从中产生的创伤一定广泛存在。儿童精神病学家布鲁斯·D. 佩里博士（Dr. Bruce D. Perry）也明确道："持续地强调竞争掩盖了共存、共情和利他主义的意义，而这些对于人的精神健康和对于社会的维持至关重要。"[20] 然而，只学会了适应和维持旧价值观的孩子，怎么可能有能力去解决当下迫切的问题呢？考虑到时代的问题，必须学会换一种方式思考。

教育对思想和行为的限制，以及随之而来的补偿性消费，如今在另一些生存性的领域中产生影响。发达国家把其经济上的负面作用转嫁到外部，尤其是牺牲了第三世界国家——它们为了发达国家的富足遭到剥削（糟糕的工作条件、童工、低薪等），却又必须承受人类所造成的气候变化之后果（饥饿、干旱、荒漠扩大、洪灾，导致了难民和移民潮）。正如记者纳撒尼尔·里奇（Nathaniel

Rich）在其书《失去地球》（*Losing Earth*）中所说的那样，地球变暖的诸多问题及其原因在 1979 年就为人所知，当时尚有阻止气候灾害的可能性和希望。然而，里奇写道，我们"在文化上和基因上习惯于迷恋当下，只关心眼前的事情，并把在那之后的一切事情抛诸脑后"[21]。如今，我们正目睹并切身感受这些教育模式的后果——无论是人类入侵动物自然栖息地、破坏生态系统所导致的气候变化和新型传染病频发，还是愈演愈烈的移民危机。如今面临的诸多问题，已经无法凭借现有策略和思维模式来解决，亟需创造性、灵活性的新思路。德国政府在疫情期间的学校政策就是典型例证：决策者本可以探索数字化教学、小组学习、利用替代性公共空间和自然环境等创新方案，甚至重构教育体系——比如将"到校义务"改为"教育义务"；然而却固守普鲁士时代的强制到校传统。当线下教学难以为继时，只能以粗制滥造的替代方案，放任孩子们不管，最终导致家长不堪重负。

但这和教育有什么关系呢？人类学家玛格丽特·米德（Margaret Mead）在 1970 年就已经确定，存在着不同的文化形式及不同的教育行为方向[22]。在一些文化形式中，老人用自己的观念来统治，而年轻人必须以此为导向。在这里，教育首先意味着顺应权威。在另一些文化形式中，并非老人而是其成年后代决定了价值观——当世界被战争、自然灾害和经济变化如此深刻地改变，老一代已经不再熟悉它了。有时，即便成年人也无法跟上这种挑战，时代的问题已经不能再用旧有的思考模式来解决了，过度的要求增多，压力越来越大。"为自己生活的斗争"[23]存在于一个个体化的、充满选择和决定之可能性的社会，正如社会学家乌尔里希·贝克（Ulrich Beck）

所解释的，这对成年人是一种苛求。有些突发的情况是成年人也无法处理的，保障的丧失会导致焦虑和漫无目的的探寻。而更加灵活的年轻人便担起重任，即使目标不可预见。然而如果继续把过去的负担和压力放在肩上，年轻人恐怕就经受不住了。他们不可能既学会顺从和甘居人下，又学会灵活、有国际头脑、宽容和有创造力——获取个性所需的过程是不同的。掌握向未来开放的能力是相当重要的，但这种能力并不是预先塑造好的，而是通过开放的道路获得的。时代不再需要顺从、服从的孩子，而是灵活的、有创造性的，能够在共同体和全球视野下思考的孩子，需要不被扭曲的、拥有自由思想的孩子。

来看看，现在正处在一个什么样的节点上：气候变化，全球传染病，经济衰退和未来的不可预见。全球性的"星期五为未来"运动（Fridays-for-Future-Bewegung）已经昭示，年轻人走上了一条新的道路。根据青少年研究学者克劳斯·胡雷尔曼（Klaus Hurrelmann）的说法，年轻一代完全具有社会参与感，有政治性，善于运用电子设备并愿意为生活进行互动性的学习。[24]2019 年的舍尔青少年研究报告（Shell Jugendstudie 2019）指出，39% 的年轻人"向世界敞开"，是"世界主义者"，有三分之一是"民粹主义倾向"和"民族民粹主义"的，28% 的年轻人尚不能被清晰地划入阵营。[25]然而，老一代人一直努力劝年轻人放弃自己的观点、限制自己的权利，或是不允许扩大孩子和青少年的权利。作家乔纳森·弗兰岑（Jonathan Franzen）在他的文章《我们何时停止自我欺骗》（*Wann hören wir auf, uns etwas vorzumachen*？）中表示，人们已经无法阻止气候灾害，现在必须思考与之相处的方式："工业化的农业和世界贸易系统将要崩溃，无家可归的人会越来越多，这些将来得比所有人想象得更早。那时'生态的、区域的农业'和'强大的社群'将不再是空洞的口号。对邻人的友善和对环境的关注——开发健康的土地、理性处理水资源、保护蜜蜂等授粉动物——将会在危机及每一个面临危机的社会中获得确实的重要地位。"[26]

因此，必须重新思考，而且首先要允许青少年以新的、其他的方式思考。这不只关系到学什么，也关系到怎么学。当下对于学校和教学形式的辩论可以看到这一点。重要的不是让孩子依恋某些个人或机构，而是**依恋的价值**。就这点而言，如今见到关于不同依恋类型的讨论越来越多，可以尝试将依恋是否稳定看作决定依恋是否优质的要素。

个性不仅对于个体，而且对于集体也是非常重要的，因为只有从对个体的尊重中才能产生开放性和面向未来的思想。此外，个性并不意味着要自私地追寻自己的目标，而是尊重差异，以及从差异中生发出潜力。

出于这些原因，必须改变对教育、教育目标和教育方式的看法，必须彻底改革关于孩子和孩子成长的思想，必须在当下以别的方式看待、对待和陪伴孩子。这自然也是因为，许多教育方法会给孩子带来伤害。故而现在就是以新方式与孩子共存的紧要关头，即使这并不容易。

～～～～～～～

亚历山德拉和法里斯是卡斯帕——一个六岁男孩的父母。卡斯帕是一个不喜欢主动和他人打交道的孩子。他在谈话中倾向于保持沉默，并且需要较长时间才能和其他人建立联系。在面对他的外祖父母和其他家庭成员的时候，他也表现得比较内向。但他非常富有想象力和创造力，喜欢一个人画画——在拜访别人时他常常这么做，从而避开喧嚣。拜访别人时，他总是带着一个装了纸笔的袋子。亚历山德拉的父母难以接受卡斯帕的行为，常常问亚历山德拉和法里斯，卡斯帕究竟要成为什么样的人。外公外婆认为，卡斯帕终归要学习怎么和他人打交道并融入集体之中，不能一直退缩到自己的"梦幻世界"，最迟也要在进入工作前学会这些；而现在，他毕竟还是一个小男孩，人们会期待他更有活力。对亚历山德拉来说，与父母的这种对话尤其困难，常常发生争执，断联几个星期，然后又重新开始联系——主要是为了卡斯帕。亚历山德拉进行了专业咨询，因为内心也开始担心卡斯帕的行为。通过咨询，她意识到自己总是"被包括"在父母的批评对象中，父母的行为让她童年时期那种自己做得不够好的感觉又重新浮现。父母关于教育和未来发展的观点，与如今亚历山德拉和法里斯的并不相符。意识到这一点后，亚历山德拉成功地解决了这一代沟问题。她学会了在这种情况下要保持放松，好好照顾自己的感受，即使改变不了父母的观点。尽管差异留存，但与父母的对话也因为这种视角的转换而变得更容易接受，与父母的关系也得到了缓和。

教育方向和目标的差异常常在代际冲突中体现。老一代人批评教育措施的缺失或方向的错误，害怕孩子会长成"小皇上"或被惯坏。有时老人也有这样的担心，以后退休的老人无法得到照顾："这样的孩子到底会让社会变成什么样？"

要改变教育观念是很难的，如果没有准备和动力则几乎不可能。所以，索性承认前几代人有其他目标和方法，这样也有助于反思自己的伤痛，避免伤害到自己。祖父母可以提出意见和想法，但是教育孩子是父母的工作领域。

这种代际冲突，往往也牵扯到家长的伤痛。在与父母的差异中，这一代家长突然意识到自己曾经所缺少的，因而希望父母至少可以为孙辈乃至多少为子女做出一些改变。但如果祖父母没有做好准备，这就不可能发生，对于依赖、爱和一些积极性的期待不会被满足。而且也不能指望孩子来治愈我们的创伤。唯一的选择是跳出这个游戏，改变自己：虽说不能违背老一代人的意志去改变他们，但至少可以改变社会，让孩子以全新的方式长大。

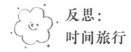 **反思：
时间旅行**

　　在上个练习中，我们进入了过去，回忆了当时的愿望和目标，现在是时候旅行到未来了。在未来的二十年里，你对于孩子有什么期望？圈出五个形容词（或是写出额外的五个）作为你希望孩子拥有的特质。这并不是一个对未来的预期，而是关于你如何通过行为影响孩子以及传递什么样的价值。这并没有正确或是错误之分，就算选择那些一眼看上去互相矛盾的东西也没关系。意识到人们希望传递的价值，便可以对照得知，这些价值在何种程度上与自己承载的价值相符合。

谨慎的 ＊ 被接受的 ＊ 适应的 ＊ 自足的 ＊ 受欢迎的 ＊ 谦逊的

感恩的 ＊ 有纪律的 ＊ 有执行力的 ＊ 诚实的 ＊ 成功的 ＊ 共情的

善感的 ＊ 充满幻想的 ＊ 公正的 ＊ 灵活的 ＊ 自由的 ＊ 快乐的

领导的 ＊ 服从的 ＊ 沉静的 ＊ 被爱的 ＊ 正义的 ＊ 慷慨的 ＊ 诚恳的

乐于助人的 ＊ 融入的 ＊ 创造性的 ＊ 热情的 ＊ 亲切的 ＊ 忠诚的

勇敢的 ＊ 好奇的 ＊ 乐观的 ＊ 恭敬的 ＊ 完美主义的 ＊ 独立的

安稳的 ＊ 强大的 ＊ 灵性的 ＊ 宽容的 ＊ 不依赖的 ＊ 支持他人的

团结的 ＊ 会意的 ＊ 有远见的 ＊ 被重视的 ＊ 聪明的 ＊ 信得过的

法律与教育

父母必须用新的方式陪伴孩子，以便更好地面对未来的挑战——不只是"根据计划和方法"来处理，而是灵活和自由地采取行动。幸运的是，这种思想在政治中也得到贯彻并被写进法律。但法律没有规定应该如何执行它，这给许多父母带来了问题。

在德国，教育是父母的义务。德国社会法典第八部《儿童与青少年工作》的第一节第二条确立了："儿童的抚养和教育是父母的天然权利和首要承担的义务。"然而，教育准确来说是什么，并没有被进一步书写，除了提到"每一个年轻人……都有权促进其自身发展和教育，从而形成一个为自己负责和有社会能力的人格"（社会法典，第一节第一条）。所以，教育是必要的，且必须在人格发展这方面取得成功。这种义务应该如何实践，没有进一步的说明。不存在"关于正确教育的法律"，因为根据法律，父母拥有基本权利和责任，最好能自己判断什么对孩子好，什么对孩子不好。我们之后会更详细地讨论，为什么这并没有那么简单。然而父母的责任是有意义的，因为它确保家庭在被国家介入所保护的同时，有一些选择的余地。

关于教育的方向还有两点重要的补充：合作教育的原则和无暴力教育的法律。[27]"合作教育"意味着，孩子不再被独断地教育，不再处于隶属地位。相反地，父母必须注意"孩子增长的能力和增长的对独立行动的需求"，必须根据孩子的成长状态处理现存的问题，争取达成共识。所以重要的是要看到，孩子实际上是什么样的，他能做什么，在这件事情上要如何支持他。虽然成年人拥有最后的决定权，但是孩子在决定的过程之中应该有一席之地。法律没有给出具体的指导，但是在社会所追求的教育思想方面，它给了一个重要的方向，并显示出，教育既不应该采取专制独断的，也不应该采取放任自流的方向。

于是可以确定，父母可以且必须教育。我们知道，法律不（再）允许什么。在 1896 年的民法典中还可以读到："父亲可以根据教育权利对孩子采取合适的管教手段。"到了 1980 年，儿童权利得到了改革并确定，侮辱性的教育措施是不被允许的。然而管教的权利首先仍是由习惯所推导出的，于是"合适的体罚"（例如用棒子）仍旧被允许。虽然儿童保护协会已经做出行动，但还需要很长时间才能改变情况——否则，孩子到底应该怎样被教育并遵从父母的指令呢？在德意志联邦共和国 1989 年对联合国的儿童权利签署同意之后，德国儿童保护协会、联邦议院儿童委员会、杂志《布里吉特》（Brigitte）在 27 个专业协会的支持下于 1990 年要求修改法律，但是直到 1997 年民法典第 1631 条才被重写，其中"无暴力教育"依然没有清晰的表述。在 2000 年，联邦议院才决定修订法律："孩子拥有非暴力教育的权利。体罚、心灵伤害和其他侮辱性措施是不被允许的。"在扇耳光、推挤、殴打等体罚和关禁闭之外，心灵伤害——羞辱、冷暴力、威胁和贬低等都是不允许的。于是，在理论上形成了一个良好的框架："虽然（仍）没有在基本法里确定孩子的儿童权利，但他们是主体权利的拥有者，孩子的监护人和孩子的人格权和儿童权联系在一起。"可是对于违反无暴力教育权利的刑事诉讼只有在严重的情况下才能成功，如果能够采用社会教育、家庭疗法或其他支持手段时，诉讼就会被放弃。关于心灵伤害和侮辱性手段的违法至今几乎不予以处罚，且仍然在社会中广泛存在，常常不为人所知。我们希望在本书中研究这种暴力的微妙之处。

孩子拥有权利！

孩子是人，本就受到人权宪章的保护。但他们是年龄尚小的人，只有很少的经验，对于保护、参与决定和自身发展有特定的需求。早在1959年，联合国大会就通过了儿童权利的声明，但这个声明一直未受到法律保护。直到1989年11月20日，联合国大会才一致通过了《儿童权利公约》，大约一年后开始生效。公约被195个国家批准，包括德国（1992），进入了联邦法律。美国是联合国成员国中唯一一个没有通过《儿童权利公约》的国家。之后谈及学校里，尤其是美国学校里制度性的暴力时，还会提及这种现状。《儿童权利公约》由54个条款组成，具有四条基本原则：禁止歧视、生命权、个人发展权、儿童福利优先和参与权。[28] 虽然《儿童权利公约》自1992年以后就在德国生效，但并没有完全得到落实，而儿童的权利在政治、司法判决和行政中仍然鲜有人注意。基本法的准则（人格权和一般权利）虽然已经足够，但根据评定[29]，这些准则在实践中并没有被完全充分实现，因此德国也没有履行其对公民权利的义务。[30] 例如，根据一个联邦家庭部所委任的评定报告，儿童福利的原则在教育法和未成年人刑法中，既没有在立法层面也没有在司法层面被明显地提到，而公共的和机构的利益却占据了显著的篇幅。参与权也没有"值得一提的法律专业讨论"，而在医疗法中"需要对于身体完整的重要性和对幼年阶段受到不可逆伤害的风险进行一个立法上的澄清"[31]。

所以自2007年起，就出现了一个希望在基本法中确定儿童权利的行动联盟。这些权利可以被加进基本法的段落中，而不触及孩子、父母和国家之间的基本关系。这个法律将首先强化儿童在不受暴力侵害方面的权利和相关的保护措施，明确国家相应的义务，并确保孩子和青少年参与社会的进程。对于个别的儿童权利，社会又一次明显地关注到，孩子是拥有权利的独立人格，其利益对于现在和未来都十分重要且不应该被忽视。

可惜总有党派和行动联盟在阻止儿童权利进入基本法，因为这些权利首先会对经济产生影响，且正好是关系到对于未来的保障和可持续性话题上的责任。如果人们不只是"注意"到孩子，而且想让孩子实际上"参与进来"时，那么具体如何起草法律也很困难。[32]

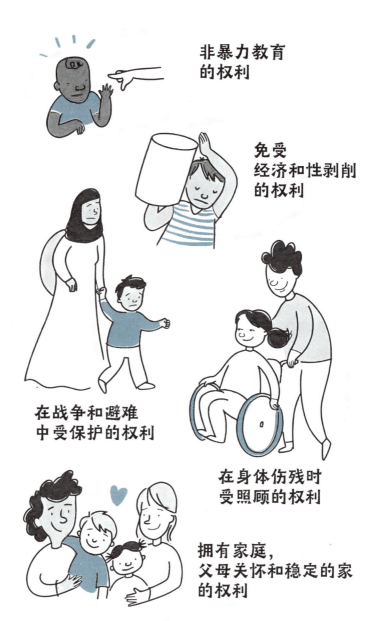

非暴力教育
的权利

免受
经济和性剥削
的权利

在战争和避难
中受保护的权利

在身体伤残时
受照顾的权利

拥有家庭，
父母关怀和稳定的家
的权利

儿童权利

平等权

健康权

受教育权

游戏、休息和
休闲的权利

拥有自己
意见的权利

如何才能帮孩子
得到其应得的权利

　　知道用暴力和权力进行教育有问题是一回事，而如何与孩子相处完全是另一回事。如今该怎么劝说孩子去吃那些健康的蔬菜呢？当孩子怒火攻心咬了妈妈的手臂，如果不推开他或是转身离去暂时冷落他，又该怎么办呢？如果孩子在需要接受治疗的时候疯狂挣扎拒绝就医，该怎么应对？当孩子怎么都无法理解数学作业，家长要怎么才能保持耐心，而不贬低或责骂孩子？咨询师往往赞美直觉，认为它可以指引家长走上正确的路，但并非每个人都可以求助于稳定的直觉，直觉往往取决于个人经历中的负面体验。此外，这种直觉主要适用于与婴儿的相处。当大一点的孩子身上出现问题且这些问题并不是由"采猎者的基因"所引出的，就很难用直觉处理了：孩子可以看多久电视，玩多久电脑游戏？怎么应对现代大城市的外出管制？现在的学校允许什么样的着装？

　　这并不像在法律条文中那么简单。一位带着小婴儿参加我课程的母亲在几年后写信给我："有时候我觉得当时在课程里面遇到的问题，诸如包裹孩子、安抚和入睡方面，是如此荒谬。用现在的眼光来看，这些根本算不上问题。直到孩子大一点，会说'我'的时候，直到每天都要处理我的愿望和她（我的女儿）的愿望时，直到我每天都在寻求亲子之间的平衡点却仍然感到压力时，直到我处理别人对我的看法时，问题才真正出现。"

　　问题就是，知道不该做什么，但是却不知道能做什么。处于压力之下的人容易陷入那些旧的模式，而这些模式并不符合孩子无暴力成长的权利。在这种时候起作用的手段通常是暴力的：羞辱、威胁，以撤回关爱来逼迫孩子或让孩子丢脸："如果你不跟来，就把你丢在这里！""你这样做，让我很不高兴！""我该反咬你一口还是怎么着？""噫，你好臭。小宝宝肯定又拉了一身。"大部分父母都熟悉这些表达，要么自己说过，要么听别人说过。所有这些表达都是心理暴力的表现形式——贬低、羞辱、威胁。也许你有别的看法，但是请试着感受一下，作为成年人，你听到别人对你这么说时会做何感想，会有什么感觉。这是无暴力？显然不是。但是为什么做不到无暴力呢？首先，孩子往往有和父母不一样的计划，而父母不能接受这一点；其次，在有压力的情况下，那些深度内化的模式又浮现出来了，比如孩子本就必须吃，不许咬，应该学习！这时人们很难面对这些问题的反诘：到底为什么呢？

可喜可贺的是，身体暴力的使用率近年来下降了：2005 年仍然有 76.2% 的父母将"打屁股"作为合适的管教手段来使用，而到了 2015 年只有 44.7%。[33] 与此相反，心理暴力的使用情况仍然不容乐观，它在日常生活中有如此强的影响，以至于在许多地方都见得到它的身影，比如家里、幼儿园和学校里。

如果孩子并非
故意犯错

首先审视一下，为什么父母会觉得必须要改变孩子的行为。家长常常会想：我基于自己的愿望和想法来决定怎么教育孩子，我有自由选择自己的方向。这种方向在父母那里是暖色的指路星，代表着安全、爱、信任、希望，是为了孩子将来更好。父母希望以最优的方式让孩子为生活做好准备。这是很好的想法，可惜常常不能按照预期得到实施。因为当下尚不能准确地评定，孩子的将来是什么样的，该为什么东西做准备。此外，家长很快就会意识到，孩子不会总是乖乖去做大人希望他做的事情。为什么孩子不吃这个健康新鲜的谷物水果粥？为什么他不能好好参与体育课程，而是更喜欢一个人坐在角落里？为什么孩子没有接受为他安排的最棒的学习机会？父母提议而孩子拒绝，这种互动并不罕见。父母尝试了一个新的，也许比较合适的提议，然而这也会被孩子拒绝。这种循环解释了，当孩子不配合或是故意反对时，父母的设想并不容易实现。

～～～～～～

安德烈亚斯将自己的教育风格描述为"以依赖为导向的"。在他的儿子卢克两岁时，安德烈亚斯和他的伴侣分开了。他们首先采取了一个定居的模式，卢克主要和母亲生活；后来在卢克上学之后，又采取了交换的模式，卢克（现在七岁）每周在父母之间来回。这在安德烈亚斯看来对大家都好。然而在卢克放学后需要完成作业时，安德烈亚斯总有一个问题：卢克应该在放学后马上做作业，但他却不愿这么做。为此，安德烈亚斯给他买了一个漂亮的书桌，偶尔还有一些小惊喜，诸如一块特别的橡皮之类。当卢克坐在书桌前时，总是会上演同一幕情景——总要先吃点什么、喝点什么或者上厕所。安德烈亚斯当然同意，然后继续督促儿子完成作业。但是卢克又有别的需求，同样的桥段继续上演，比如有时候说自己胃疼，必须休息。对安德烈亚斯来说，儿子在学校成绩好是很重要的。他希望卢克"刚一放学"就完成作业，"因为那时候他还有思路"。他不理解为什么儿子不这么做。尽管不是故意的，但他越来越不耐烦和生气，他和儿子的对话常常以"如果你现在不做作业，之后就别想玩游戏机了"结束。这是一种给孩子压力的手段，因为母亲那边没有这个游戏机。本来安德烈亚斯并不想给孩子压力，但他担心，若非如此儿子就不努力了。但卢克学习的方式不同，他需要在放学后停下来安静地休息，也许还必须先去到另一个地方。直到安德烈亚斯终于认识到这一点，情况方才缓和下来。卢克不是不写作业，而是有着另一种更适合他的方式。

孩子想做的是符合成长计划的事，是正好想学习的事，是沉醉其中的事，是开心的事。在婴儿时期，孩子就已经遵循自己的成长计划，其各种能力据此相互协调，而内在动力是成长的动力源：小婴儿躺在床上，把双脚伸向空中，一会儿向这边，一会儿向那边摇摆。他专心致志，训练肌肉和运动技能。父母观察他，兴许感觉到了孩子轻轻的叹息声，便想："他很想翻身，但做不到。我来帮帮忙！"但孩子这时其实正想要学习和塑造自己的能力。现在父母缩短了这个过程，但同时也禁止了这种游戏和学习，禁止了孩子依靠自己的努力取得成就获得快乐。此外，孩子还需要这种肌肉运动的练习，来完成日后更多的动作。

　　孩子的学习是在已经学到的东西的基础上，加入新的东西，并对从周围环境得到的信息进行处理。如果他发现一个新的挑战，而这个挑战可以与既存的挑战相联系，从而发展自身的能力（这既发生在行为层面，也和大脑中实存的神经联结相关），那么孩子就会进入"心流"——一种精神深化的状态。如果他在这个学习过程中还感觉到自我效能，就会分泌幸福感的荷尔蒙。你肯定见识过孩子的这种状态——沉浸于某件事，似乎感觉不到外部的世界。成年人总是察觉不到小孩子这么做的原因：因孩子无数次把勺子掉到地上而感到焦急，却不知道他正在认识重力；因孩子专注地用蜡笔在地上画大圆圈而生气，却不知道他正在做转弯的练习并完善精细运动的功能。家长最不理解的是，当孩子停下游戏并要求大人离开时，到底出了什么问题。父母不会让孩子玩到结束，总是戛然中断游戏；不是让孩子自己学，而是插手并诉说、展示给他们，"应该怎么做才对"，以及怎么正确地利用这个和那个；不等待，而是行动。这样一来，不但打扰了孩子的学习，禁止他去深刻地、真实地处理学习主题，还激怒了孩子，夺走了他的学习机会。如果父母插手得太过频繁，总是在展示、说明和教导，孩子就无法学会拥有自我效能，会感觉自己依附于父母，学不会应对挫折和尝试新事物。正是这些导致了之后孩子与父母的冲突，那时父母会要求孩子"到底能不能自己做点什么"，要求他"不可以这样做"。孩子的行为多数时候是有意义的。在感到生气或是被孩子的行为伤害到时，家长必须提醒自己看到这一点。

　　成人自以为拥有的知识更多，所持有的观点、日程、指导思想更重要也更好，于是就有意无意地和孩子对着干。孩子越是因为父母夺走了他的发展机会而反抗，父母就越是因为孩子没有反应而感到无望，从而采取特定的方法来迫使孩子妥协。这不仅让孩子疲惫，也让父母疲惫，因为违背孩子的意志做事会耗尽所有人的精力。人不能一再地被拒绝。也许你的脑中会有意无意地浮现这种想法：成年人不该让孩子来规定自己的人生。事情竟然还能走到这一步！父母害怕突然失去控制，感觉无力，受制于人，于是毫不退让地要求孩子信守约定、规则和日程。也许这会让父母觉得自己处于劣势，并尝试通过贬低和取笑的方式来摆脱这种感觉。父母发展出了不同的自我保护策略来应对那种无能为力的感觉。它们之间的共性只在于：大人伤害了孩子，扰乱了亲子关系，最终双方都筋疲力尽。父母筋疲力尽，因为不倾听孩子，因为不愿意这么做，这件事消耗的情绪力量之多令人难以置信。

反思：
现实与理解

　　从成人的视角来看，孩子的许多行为都是不符合逻辑的，但是孩子有自己的动机和逻辑。家长总是时不时忘掉这一点。如果通过反思那些糟糕的情况而更强烈地认识到，和孩子争夺权力是无意义的，也许就能做得更好。对于孩子的观念、家庭成员的权力、孩子的服从，人们心中早已形成根深蒂固的印象。这就为大脑展示了一个不太能起作用的解决方案——把孩子的行为理解成某种并没有实际发生的东西；而真正有用的做法是去解读实际的情况。家长越常为解读实际情况而花时间，就会越多地得到正确的解释，分析孩子的行为就越容易。为此，你可以做以下的事情：

1. 设想一个情景，孩子想要的与你想要的不一样，然后亲子之间发生了冲突。
2. 记下你对于孩子的要求的理解。
3. 为什么你这样理解孩子的要求？是什么态度、什么信念导致你如此理解孩子的行为？
4. 除此之外，你还可以怎么解读孩子的行为？

不清晰的榜样

有时孩子压根不知道父母希望他们做什么，这让父母顿感疲惫。在孩子尚小的时候，父母是孩子的指南针，为孩子指引方向。然而，引导孩子的并不是父母的想法或对于是非的观念，而是实际的行为。父母下意识地会希望孩子比自己做得更好，且通常伴随着一种面向未来的美好愿望，比如"我希望你以后比我更有自信"，于是会尝试在合适的情境下要求孩子拥有这种自信——"你不能总是这样隐藏自己""现在总该自豪一点，你不要贬低自己"。父母这样要求孩子，然而他们展现给孩子的实际表现却是："可恶，我真是太笨了，我做不到！""啊，这不要紧，你不用为此道谢。"孩子于是得到了全然矛盾的指示：他应该成为那样的人，却没有找到相应的榜样行为，同时还需要忽略他实际看到的榜样。父母如果不对自己的行为加以反思，就会一再地被自己所创造的麻烦所困扰——不断要求孩子，孩子却不能很好地应对这种要求。虽然教育不像弗里德里希·福禄贝尔（Friedrich Föbel）所说的那样是"榜样和爱——此外无他"，但是榜样是亲子生活中十分重要的元素。

孩子如何触及
父母的过去

　　教育并不如人们所想的那么自由，不管是在孩子的意愿方面，还是在自己的想法、期待和愿望方面。这些都受家长自身的发展和从小接受的文化所影响。于是这样的问题总会出现：在设想中，一切都非常清晰、符合逻辑，但为什么就是行不通呢？为什么所做的、所说的，和实际所想的不一样呢？安德烈亚斯其实也并不想用压力和"如果……就……"的话语方式来教育孩子，但不知为何就会一再这样做。到底为什么自己不能像心中所想的那样来生活？

　　为人父母者都惊诧地想过："我现在说话像极了我的父亲／母亲！"尤其在说出了自己本不愿意说的话的时候。本想要避免说这些话，因为"不希望变成这样"或是"不愿像父母那样做出反应"，然而最后还是发生了。这往往不是有意的，而是因为情境的苛求。有时甚至不知道，这些突然进入脑海的语句、想法和行动究竟从何而来。有时不是个别的情景，而是父母自问："到底为什么我在……的时候不能保持放松呢？"或是："为什么我在孩子玩食物的时候总是着急呢？这其实并没有那么糟糕，但我不知怎么就是忍不了。"

　　实际上，人们——尤其在压力的情境下——并不能像自己心想的那样自由地行动和思想。心理学家和诊疗师斯蒂芬尼·斯塔尔（Stefanie Sthal）在她的畅销书《给内心的小孩找个家》（*Das Kind in dir muss Heimat finden*）中解释了，成人如何被印象深刻的童年经历所影响。"人生中的最初几年是如此重要，因为在这段时间里人的大脑结构，连带着整个神经网络和联结，都在形成中。因此，在这个发展阶段与身边亲人共同创造的体验，会被深刻地嵌入大脑中。"[34] 每个人的教育经历，在最初几年被印刻在头脑中，并决定了如何看待和感受自己。如果是因为被惩罚或受表扬才去做某件事情，那么印象就会因此改变：会认识到，自己是否被需要；会在内心中牢记，自己是否没用，或是要满足特定的条件才会被接受。这样，自我印象就会被别人的对待方式所塑造，此外被塑造的还有之后的行为，以及在成年后指导行为的信念。例如，可不可以发火[35]，是不是应该适应他人，是否值得表达自己的想法，为自己发声。不仅如此，有些信念和行为方式在心中扎根得如此牢固，以至于在那之后也能引导行为。

～～～～～

谭雅谈到了她三岁女儿艾玛的吃饭行为："并不是我想强迫艾玛吃饭。当我还是孩子的时候，我得在桌前坐很久才能吃完饭。在幼儿园里，食物会被直接塞进我的嘴里，容不得我说'不要'。那时我会把桌上的东西吃完，直到盘子空掉为止。当艾玛还在犹豫要不要尝一口的时候，我气急了！我只是让她先小尝一口，而不是立马拒绝。这本来真的不糟糕。至少要先尝一口，再起来抗议。"谭雅认识不到，坚持让孩子尝一口也是一种强迫，也认识不到过往的经历多么强烈地塑造了她，以及她对于什么是"不好"的判断：由于自己的负面体验和创伤，她错误评价了女儿的负担，后者从中学会了把自己的问题看轻。有创伤的父母常常看轻孩子的问题，并将这种轻视表达在想法和语言中："这和那个相比简直算不了什么。"

这种共情的缺失不仅表现在吃饭行为上，更表现在亲子关系上。

在个别情境下，那些学习后并内化了的行为和信念特别容易出现。在生命过程中，一些被当作危险的事情，会被储存在大脑的边缘系统中。杏仁核，边缘系统的一部分，储存了这部分的情绪和与之相关的细节。幼时如果被锅勺打过，那么看到别人紧紧攥在手里的锅勺就会触发威胁的感觉——即使那个人是一个友爱的、随和的且从不实施暴力的亲友。如果大脑把一件事当作危险的，神经冲动就会进入别的脑区，在那里，储存的行为模式被激活。于是身体会不自觉地做出肌肉绷紧、血压升高的反应，也许还会有必须去清空一下肠道和膀胱的感觉（在感到"害怕"①时）——本能地做出战斗或逃跑的反应。不光成人，就连孩子也可以激起这种反应。当孩子哭闹、咬人、打人，或是做出其他能唤醒负面回忆的事情时，人们就会感到恐惧。孩子的行为与记忆中的那些危险行为重叠。人们会用童年时认为有意义的方式来做出反应。所以，在这些成熟的、有见识的成人面前站着的只是小孩子，他正好感到生气、悲伤或者受伤，并不构成威胁，而成人却会反应过度，对孩子大喊大叫甚至动手。直到具体的压力情景过去之后，大脑重新工作，这些成人才会意识到自己刚刚的行为完全不合时宜。紧跟而来的是道歉——尽管如此，这种情况仍可能再次发生。

并非所有成年人都会用大喊大叫或明显暴力的方式来做出反

---

① 德文"Schiss"有"害怕"和"粪便"之意。——译注

应。比如，有些人在这种情况下表现得很平静，抽身事外。但生气的孩子没有得到安抚，也没有学会怎么处理这种情况，完全得不到任何反馈，因为成年人自己也不曾学会处理愤怒，而是采用抑制，并在生气时一味回避。

~~~~~~~~~~

索尼娅对她儿子本的行为感到绝望。她本以为，孩子的"叛逆期"在五岁时会过去。但是本仍然经常发脾气，不仅躺在地上大喊大叫，还把东西扔得到处都是。直到索尼娅的手机被生气的本弄坏，她认为不能再这样下去了。对此她觉得应该像文章中建议的那样做：不生气，不喊叫，不批评，而是尝试全身心地去理解孩子并"忍受一切，直到一切都过去"。因此，在产生冲突的情景下，她总是按照心中铭记的那种方式来行动：当她还是孩子的时候就不被允许大声说话，大声反抗会被回以"我没有给你哭的理由"这样惩罚性的话语，因此她学会了安静地忍受一切。结果，本缺少反馈，没有人来帮助他调节。他至今还没学会如何处理自己的怒气。不被责骂虽然很好，但本需要妈妈真正的反馈和共同的调节。

反应有很多种，但许多父母往往会采取极端的方式：要么回以生气、愤怒、喊叫和暴力，要么回以沉默和退缩。这并非父母自主选择的，而是受过往经历的影响，使得当下与孩子的交往变得困难。心理治疗师菲利帕·佩里（Philippa Perry）描述了孩子如何在身体层面上唤醒父母在类似阶段经历过的情绪。[36] 如果不面对这些情绪，就会和孩子产生疏离，并会因为孩子所引发的情绪而惩罚他们。

　　即使本意不想如此，也很难采取别的办法，除非不再在孩子身上找原因，而是开始着眼于自身和过往经历，真正地追溯自己的情绪及其来源。

美好的童年
也有隐患

为人父母者即使成长于一个充满爱的核心家庭，也可能会继承一些观点、行为方式和信念，使之难以无条件地接纳孩子——可能是在那些惯常用于思考他人的，在自己看来没有问题的点上。这也会导致父母在行为上并不如自己认为的那么自由。

教育并非在真空中进行，而是被包含在一般性的社会化过程之中。在此，必须稍微区分教育和社会化：每个人都在对他人的依赖中成长，受到周围环境及其中的物质和社会因素的影响。[37] 例如，不少家长都读过《长袜子皮皮》①的故事，她曾经旅行到一座岛上，而这些描述在今天看来是带有种族主义色彩的。不光这个故事，还有许多其他细节令人印象深刻，以至于如今不得不承认，白人心中的种族主义已经深深内化。[38] 可能人们并没有意识到，自己的许多行为和思想正在间接地影响着孩子。社会学家和种族主义研究者沃尔夫·D.洪德（Wolf D. Hund）确信，即使是像"黑种人、白种人、红种人和黄种人——上帝爱所有人"这样的儿歌，也进一步促进了种族主义，因为它首先在孩子的头脑里植入了人种的观念。要看清这一点并不容易，而且也会带来羞耻感——毕竟，没有人希望被称作种族主义者，尤其是那些不认为自己属于这一类的人。然而，仅

---

① 瑞典作家阿斯特丽德·林格伦（Astrid Lindgren）创作的儿童书。——译注

仅否认这一点并不会有所帮助，也不会有助于消除社会上的暴力。任何形式的歧视都是教育的结果，是对孩子世界观和未来行为所产生的影响。我们（不自觉地）传递的东西，会对孩子以及其友情和关系、宽容度和安全感、接纳他人和对新事物的开放度造成影响。即使是在以依恋为导向的环境中长大，也不意味着不带偏见。父母如何对待我们，多么地充满爱和善意，这与他们对"他人"的态度是两码事。

~~~~~~~~~~

桑德拉在一个她认为是"需求导向型"的家庭中长大。37年前，她的父母就使用婴儿背带轮流抱她，允许她长期与父母同睡，从未实施体罚或打骂。她对童年保持着美好的记忆。但有一件事却让她回想起来感到不适：母亲在她青春期伊始就告诫她"不许带黑人回家"。后来在青年时期，她开始研究种族主义问题，并在一些问题上与父母公开对立。然而颇具讽刺意味的是，当自己青春期的女儿选择了一位不同肤色的男友时，这位从未有过负面经历的母亲却难以坦然接受。

如今，种族主义的群体和网络完全支持这种以需求和依恋为导向的观点，尤其在某些特定的理论和研究方法上[39]。"所有人都因其经验而受限，并带有偏见。如果有些视角——白种人的视角——相对于别的视角具有特权，如果这种受限制的视角赢得了霸权，那么别的视角和经验就不再具有有效性。就好像这些别的视角和经验并不存在一样。"活动家屈布拉·戈穆塞伊（Kübra Gümüşay）如此描述了这种广泛存在的态度。

能力歧视（Ableism）——对于残障者的歧视，或年龄歧视（Ageism）——对于老人的歧视，正如性别歧视及其他的歧视思想一样，都深深地植根于大众之中，几十年以来人们逐渐接受并习惯，以至于不能完全认识到它们，继而不加审视地继续传播。歧视性的表达随处可见——广告、玩具、杂志、儿童读物，乃至整个文化环境，甚至家庭内部。这些观念通过媒体或代际传递渗透进我们的生活之中。如今的为人父母者，有多少在青少年时期不曾理所当然地说过："残疾人，噫！"心情不好的时候，还总是在路上透过车窗喊"你残疾吗，老头"，或是嘲笑内向的人，说他"完全是自闭患者"。即使没有接触过，不曾受其困扰，这种观念也通过父母、家庭和文化植根于人们之中。内容和信息通过话语传播，从中滋生出厌恶和排斥。这仅仅是通过话语和传播的思想方式。正如前文所说，对孩子来说，比起思想上的方向，父母的行为、语言和榜样力量的表现要更为重要。如果想不带偏见地陪伴孩子，就必须先彻底理清心中深埋的偏见。

在思想上，父母并不如自己以为的那么自由。由于缺少自由、无条件性和对他人的开放性，父母难以不带偏见、无条件地面对孩子，除非先主动地处理自己身上的问题。社会心理学家约翰·巴尔赫（John Bargh）在他的著作《思想之前》（Vor dem Denken）中解释了为什么思想和行动会受到不同因素的影响，而人们并没有意识到这些因素；孩子在学龄前就已经将刻板印象内化，影响了对自己和他人的印象。如果把这些刻板印象当作生活的准绳教给孩子，那就不是在为孩子好而教育孩子。在一个全球化的社会中，在一个国际化的时代，如果把承袭下来的印象和观念继续教给孩子，这对他们无所助益。约翰·巴尔赫写道，自由意志受到限制，只有接受这一点，才能改变自己的行为方式和思想。"如果花点时间好好想想——或是有一个好奇的朋友，进行一次心理治疗——就能看见，过去如何影响了现在的思想和行为。"[40]

有一些价值如今非常受重视，但人们很可能还未曾学到，因为过去还没有形成，也不能发挥它现在所显示的作用，例如环境意识、可持续性，人权及儿童权利。另外，一些在童年时还比较重要的观点和价值如今已不再那么重要。许多话题很少在家庭会话中说起，例如战争、流亡和虐待等，但它们一代一代地在家庭中延续了下来，影响了思想和行为。所以，要评估孩子需要什么、应该怎么教育孩子并不那么容易，因为父母与孩子在某种程度上有着完全不同的成长经历。

此外，就算拥有美好的童年，也不一定就免于侵略性的行为：在这代人的社会化进程中，承担了整个家庭的重担的几乎都是父母，这会导致疲劳和过度要求，以至于本来充满爱的父母由于压力而做出非己所愿的行为。很多人都在这样的结构中长大：它不允许错误，父母必须尽量做到完美。孩子完全适应了父母那些故意的行为和隐藏的态度。因此，这些也成了父母自己的一部分特征。

反思:
发现歧视的思想

　　人很难发现自己身上根深蒂固的歧视形式，并且不能只是看起来，而是应该实实在在地做到。也许可以从这些开始做起：走进自己的思想，追溯那些在童年时期产生了深刻影响的思想和体验。提问自己：我在何处遭遇到了各种类型的歧视？

　　接下来，我们可以将目光转向当下，检视自己是否在日常生活中与孩子共同践行对社会多元性的尊重：

　　家里的童书是否自然地呈现了社会的多样性？

　　玩具是否涵盖了不同年龄、肤色及其他特征？

　　当说到"肤色"时，只是在说自己的肤色，还是包含了各种肤色？

教育问题的根源

可以看到，人们早已意识到了教育问题，知道对孩子的扭曲、压力和身心的暴力会伤害孩子；而且经过漫长的努力，还为孩子争取到了免受暴力的权利。然而，教育大体仍然还是建立在压力、驯服和暴力之上，不能用其他说法来掩盖暴力的实质。即使不想这么做，即使意识到了这种行为带来的伤害，并知道改变做法很重要，也难以贯彻到实践中。人们常常试着使用某种特定的行为管理，尝试特定的方法，从而做到减少对孩子吼叫，消化自己的怒火；使用睡眠和辅助饮食计划，来一步一步地指导自己。

但是，关于教育的问题有许多来自过去。它们深植于脑海之中，是大脑网络中的一部分。若违背意愿行动，思想就会偏离轨道，因为它们就是被塑造成这样的。这解释了为何改变行为方式如此之难且充满阻碍，但这不能成为不改变的借口。美国心理学家苏珊·福沃德（Susan Forward）在她的畅销书《被毒害的童年》(*Vergiftete Kindheit*) 中用另一种说法恰当地表述了这件事："他人在你是无助的孩子时对你做过的那些事，你不需要为之负责。你需要负责做一些与之相反的事！"[41] 要改变行为，必须先改变思维结构。现在要做的并不是几次深呼吸或是数到二十，而是反思、有意识地思考并且以新的榜样为导向。总而言之，发现自己的障碍是第一个难点。

实际上，个人的过往经历只是冰山一角，更大的问题仍然潜伏在水下，人们尚未见到也很少去观察它，那就是比过往经历还要古老的、黑暗的过去。这种过去是身上隐藏起来的一部分，它伴随着我们成长，是成长的环境。"当代教育问题的根源往往触及了深刻的历史原因"[42]，阿尔伯特·雷布勒（Albert Reble）教授在他的《教育学的历史》（*Geschichte der Pädagogik*）中解释道。因为不只是父母的话语和行为在人们脑海之中种下了根，还有一整个关于教育和童年的文化史导致了现在的思维和行为方式。因此，要承认孩子，赋予孩子独立性、对依恋的关注和自决权简直难得令人难以置信。

如今的目标是真正地看到并重视孩子的需求和差异性，使之能够自由而不受扭曲地长大。在实现这个目标的路上，不单要理解为什么这样思考和行动，还要理解为什么整个社会对孩子的态度如此不友好。这不仅是因为个人难以摆脱自己的思想和过往经历，还因为这些思想未经反思地反复传播，于是在社会上几乎每一个角落都能发现：儿童没有自己的权利，必须适应和服从别人，居于从属地位，其个体性只会被视为困扰。谁要是开始追问这种情况并换一种方式思考，就成了局外人、妄想家和溺爱的家长。因为其他做法就意味着必须面对自己的过往，揭开自己不想看到的伤口，甚至是可能从未意识到的伤口。拒绝意味着保护自己免受伤害，但是这种拒绝并不能推动社会的进一步发展，因此需要更多自我审视的人，从而共同走上一条新的道路。

反思：
家谱图[43]

如果人们意识到，教育思想并不像自己所希望的那样是自由选择的，这一方面会带来负担，觉得失去了自主地位；另一方面也减轻了负担，不必再肩负个人的责任——只不过是被塑造成这样的人罢了。为此，最重要的是意识到这一点：这一切都可以改变。

为了搞清楚这些，可以先画一个家谱图：用圈表示你的家庭，包括父母、祖父母，每个圈代表亲属中的一个人。你感觉自己和谁在情感上有良性的联结，就用绿线标出他；如果没有，则用红线。用红色波浪线标出经常和你吵架的人，用一条双横线隔开你不再来往的人。这和年龄或性别无关，主要关于感觉。用颜色填满各个人的圈：谁有过充满暴力的童年，就用红色；如若不然，就用绿色。你还可以加上其他人，像老师等教育者。体会这张个人的图表：你从中感受到什么，这种形象的表示让你觉得怎么样。

那些作用在孩子身上的负担和经验				
历史/文化 （也许根据父母和祖父母以及历史而属于不同的文化圈）				
祖父	祖母	外祖父	外祖母	其他
父亲		母亲		其他
孩子				

教育的漫长阴影

"自由意味着人不一定什么都得做得和别人一样。"

——阿斯特丽德·林格伦

几个世纪以来，关于孩子和童年的印象发生了改变，正如教育的动机和目标。孩子是什么，怎么与孩子打交道才算正确呢？在几个世纪里，这个问题得到了全然不同的回答，而各个答案都体现在教育方法和与孩子的交往之中。即使今天，人们也很难分清，童年的界限具体是在几岁，因为虽然普遍认为人类到法定年龄后才算长大，但是十二周岁就达到了负刑事责任的年龄。童年不只是一个难以界定的年龄区间，还是一个处于流变中的建构，它受到各个时代和各个地点的不同观念之影响。[1]

教育与童年的
时代变迁

直到人类历史中相对晚近的时代，如今为人们所熟知且在工业化国家[2]中普遍存在的童年概念才出现。虽然早在石器时代和维京时代，孩子就已经玩玩具嬉戏，但是那时的孩子是以完全不同的方式融入日常生活的，且当时尚不存在像今天的"童年庇护所"。历史学家菲利浦·阿里耶斯（Philippe Ariès）说过，直到中世纪晚期，童年才开始真正被看作人生的一个阶段，通过"童年的发现"，人们才开始追问什么是"正确的教育"。当然，早在这之前，教育已以宗教传承、文化延续的形式存在了。然而根据阿利埃斯的说法，自现代以来，教育学化（Pädagogisierung）使得孩子逐渐丧失了原本天然的无拘无束状态。

与他相对，社会学家劳埃德·德莫斯（Lloyd deMause）与其他历史学家在《听见孩子的哭声》（*Hört ihr die Kinder weinen*）一书中描绘了童年的发展史：在过去的许多个世纪中，孩子遭受残忍的对待、奴役、杀害、孤立、殴打和其他虐待；然而自 18 世纪以来，对待孩子的方式渐渐开始人性化。对于童年这一题目的分歧观点持续至今，导致了激烈的讨论：一派人抱怨义务教育和幼儿园都是强迫手段，导致孩子受到压迫和限制；另一派人把这类机构看作当今时代的进步和优点。

很难知道在过去几个世纪中，父母对于孩子有什么感受，不过许多迹象表明，应该与现在的不同，而且这也对父母与孩子的相处方式和教育手段产生了影响。过去的父母也爱孩子，但是方式与如今的不同——毕竟那时的条件也不同，会随着时间推移而变化。所以接下来追溯童年的历史时，不妨先从能由文本、图像和日记中获知的部分开始。

"教育学"一词源自古希腊语"Paideia"，意为对人的教育工作。"Paidagogos"是一种奴隶，不仅要护送儿童（男性）上学并保护他免受侵害，更被主人赋予权利实施特定的教育理念，甚至使用体罚。在古代，身体和智力的教化是教育的重点，但长久以来这只是精英的特权。

基督教在其影响范围内使得人的教化变得更加人道，它建立了自己的工作伦理，广泛地接管了教育和文化的权力。相应地，中世纪的教育目的主要是让孩子变得谦卑和虔信，成为完美的基督徒，从而领受在基督教会共同体中的角色。这些基督教价值和思想很多如今都还是教养的一部分，对父母的行为产生着影响。恰恰是原罪的理念和尊敬父母的戒律一直持续地影响着教育思想。它们为"回到传统家庭价值"的政治路线提供了基础。孩子不能背离父母，不能顶嘴。因为父母生育了孩子，孩子有义务永远心怀感激。

~~~~~~~~~~

斯维尼亚在 21 岁时第一次怀孕，是自己同龄朋友中第一个做母亲的，且在生下孩子后不久成了单亲妈妈。她的母亲也是较早地有了孩子，斯维尼亚是其中的老二，母亲生她时 20 岁。生孩子前后，斯维尼亚都住在母亲附近，常常见到她。她们之间的关系十分紧张，两人时常吵架，但是斯维尼亚仍然定期拜访母亲，也是为了让孩子在母亲那边受照顾。在她的回忆里，她的童年是"普通的"：她和她的姐妹常常被打，但是"那会儿就是这样的"。斯维尼亚计划要换一种方式对待自己的孩子。当她无意间看到母亲在用餐时打她妹妹的手指，两个成年人之间的冲突便激化了。刚开始，斯维尼亚仍然与她保持联系，"因为那毕竟是她母亲"；但是在又一次事故之后，她断绝了与母亲的联系，并在几个月之后搬走了。在第二个孩子出生后，她和另一位伴侣在另一座城市生活，她接受了家庭治疗。这也是因为她总有负罪感，觉得即使自己的童年充满暴力，即使为了她孩子的幸福着想，也不该和母亲断绝联系。在疗程中她认识到，不仅有许多孩子离开自己的父母[3]，而且她并不需要因为母亲生下了自己而必须爱和尊重母亲，爱和尊重是通过行为而产生的。不可否认，"你必须尊敬父母"的思想至今影响了许多成年人，并且令受害者难以离开加害者。

在中世纪，骑士、农民和市民的男性子嗣可以接受学校教育，教育内容也逐渐丰富；而女孩还是只能学习实用事务，养成服从精神。

尽管如此，人们对儿童及其发展的兴趣逐渐增加，文艺复兴时期的人文主义带来了对个体的更多理解，游戏化的学习概念初步形成，教育实践有了一定程度的松动。一个新的世界观和对于人类的新态度逐渐形成，完全符合"文艺复兴"（重生）的含义——追求自律、独立以及个性表达，虽然是通过一种被塑造的、顺从的方法。宗教改革时期的观点是，孩子从根本上是可以被塑造的；启蒙运动则增强了纪律和教育的必要性。孩子（原则上）已经不再被视为带有原罪的，而是作为无罪的存在降生，可以通过教育来塑造。然而，暴力仍然是教育中一个固定组成部分，马丁·路德·金也曾强调过，必须用严厉的手段来教育孩子。[4]

在孩子的教育方面，英国哲学家约翰·洛克于 1693 年做出了"白板"（tabula rasa）的比喻：孩子在出生时是一张未被书写的纸，由教育所塑造。而法国启蒙哲学家让-雅克·卢梭——因其小说《爱弥儿》而被称作童年的发现者，则是更多地通过孩子的眼光去审视童年并将之分为不同的发展阶段，其中对于自然发展的关注尤其重要。卢梭把在乡间亲近自然的成长当作理想的幸福童年，这种思想至今仍然在乡村寄宿学校（Landerziehungsheim）和其他亲近自然的观点中出现。[5] 尽管卢梭反对严格的管教和暴力，但他也认同教育是很重要的，只不过要通过如今所谓的前因后果来进行：告诉孩子如果弄坏了玩具，那么他也就玩不了了。卢梭的教育思想已经显现出教育学一个日后更加突出的方面：对于儿童成长的详细观察。但是卢梭的这种思想并未被社会广泛接纳。

尽管幸福的童年日渐成为资产阶级自我认识的一部分——情感占有一席之地，私人生活被重新重视，国家也逐渐增加对儿童福利的关注，然而体罚仍然是一种普遍的教育手段。

1840 年，弗里德里希·福禄贝尔（Friedrich Fröbel）在图林根州创办了第一所幼儿园。其基础是认为，孩子需要特殊的照顾，而父母并不会自动掌握这些技能，所以需要委任给经过专业培训的幼儿园老师。然而，1903 年对家庭教师安德烈亚斯·迪波尔德（Andreas Dippold）的审判表明了，即使这种经过改革的教育学方法，实际上也总是和暴力相联系——此人虐待了科赫（Koch）家族托付给他的两个孩子之一，并致其死亡。[6]

在这一时期，教育学、医学和心理学逐渐形成了专门研究儿童发展的科学领域，关注点越来越集中在儿童所谓的缺陷上。这种科学化所带来的结果是，通过表格、生长曲线和对于成长阶段的严格定义来滴水不漏地监控孩子的发展。童年发生在一个不仅被保护，还被监视的空间里。教育者成了监视员，保证孩子"健康"和"正常"地成长。早在 1890 年，阿道夫·海因里希·冯·斯特伦佩尔（Adolf Heinrich von Strümpel）的《教育病理学或儿童缺陷论》（ *Die Pädagogische Pathologie oder die Lehre von den Fehlern der Kinder* ）就出版了，随后不久又有了相应的期刊《儿童的缺陷》（ *Die Kinderfehler* ）。[7] 人们一厢情愿地希望孩子是被动的，这也符合国家的利益。在德国，国家对儿童的兴趣及其工具化在纳粹时期尤为显著：父母和孩子被分开，孩子的教养由国家执行，乃至将儿童隔离在"生命之源"家园中进行抚养。在纳粹之前已经有这样的教育，它明确地禁止温情，拒绝满足孩子的需求，而纳粹使得这种教育愈演愈烈。教育指南主要由男性撰写，而这些男性由于当时的家庭分工而情感疏离，且脱离家庭的日常生活，于是日渐严格地敦促母亲不要娇惯孩子。后来出版的由女性撰写的教育建议，最初也遵循这一传统。纳粹时期教育指南中最著名的是肺科女医生约翰娜·哈勒尔（Johanna Haarer）的《德国母亲及其长子》（ *Die deutsche Mutter und ihr erstes Kind* ），该书在战争结束前共计售出 69 万册。书中推荐了一些当时流行的教育做法，并借鉴了希特勒的教育设想。这些做法严重破坏了父母和孩子之间的关系和依恋：[8] 孩子出生后首先应独处 24 小时，随后只在特定的时间进行哺乳和护理，其间母亲和孩子不能有接触。"即使孩子不断地哭喊，母亲也不能在这时心软。她要以平静而坚定的态度继续贯彻自己的意志，避免一切激烈的行为，无论如何也不能允许自己发火。即使哭闹，孩子也必须做母亲认为必要的事情；如果还是表现不佳，就会受到一定程度的'冷落'，即被带到一个单独的房间里，改变自己的行为。人们肯定很难相信，孩子多么早、多么快就理解了这种做法。"[9]这种处理的结果可以从"生命之源"的孩子身上，也可以通过大量报道和文章中得到证实。

纳粹时期及其前身的教育思想一直延续到战后时期，约翰娜·哈勒尔的书在西德——只经过轻微的修改——一直发行到1987年，甚至还被国家官员当作结婚礼物赠送。这些被传播和内化的经验导致了许多家庭中暴力的延续，正如1960年出生的弗利茨所说的那样："在有些情境下，我们五个孩子曾一起挨揍。先是下跪，然后要么是打在裤子上，要么就打在光屁股上。我记得有一次打坏了三四根木勺。母亲如此失控，显然充满了压力和负担，以至于真的在我们身上把厨房木勺打坏了。"[10]

20世纪70年代，教育态度逐渐发生了改变。英国教育学家亚历山大·S.尼尔（Alexander S. Neill）于1920年建立了"夏山"（Summerhill）学校，1960年起，与之相关的出版物也在德国出现：无压力和无暴力的教育似乎看起来行之有效。第一批替代性的私立幼儿园出现了。那些家长迫切想要做出改变，采取反权威的教育，实施与自己当年经历相反的教育措施，但仍然需要和自己心中根深蒂固的经验做斗争。"年轻一代的知识分子母亲们，尽管身穿及地的嬉皮士裙子，仍然严格地监督孩子的家庭作业。本想好好做出改变的父亲们，'却还是不自觉地采取传统的严厉手段'。"[11]这一代父母并不容易，因为完全没有榜样可以参考：到底应该怎么实现自由和满足需求？什么才是重要的？摒弃过往的做法也带有风险，很可能导致另一个极端，使得孩子缺乏陪伴、保护和支持。孩子终于被允许大声喧闹和撒野，但这对于生性安静的孩子来说，也可能意味着错误的评价——被视为"不正常"。不久之后，事实表明，反权威的教育并未带来预期的自由和顺利的成长：被如此教育的孩子因为没有学会如何应对日常生活中的挑战而容易表现出强攻击性，更容易滥用药物且自我评价较低。[12]

孩子身边的世界
怎样改变

　　如果要考察童年的变迁，那么不能只把目光放在对于孩子的印象和教育实践上，还要注意童年和教育的框架条件。社会发展至此，孩子不再由共同体来抚养。如今多数人是在"核心家庭"的意义上定义家庭：母亲、父亲、孩子（们）。许多家庭的现实情况是：父亲上班，母亲照顾孩子（同时兼职工作）。[13] 母亲肩负着孩子健康成长的主要责任，数十年来这被定义为她们的职责。[14] 这个负担本不应该由母亲独自承担，因为陪伴孩子是一项共同的任务，且独自承担陪伴孩子的责任（通常还包括家务和学业辅导）会令人筋疲力尽，不堪重负。这也是一个不正常的现象：1500 年左右，欧洲的家庭组织平均有近 20 名成员，这些人在日常生活中紧密相连；这个数字在 1850 年降到了 10；到 1960 年，家庭平均只有 5 名成员；而到 2000 年，最终降到 4 人。[15] 显然，人们已经由群体生活转向了仅由少数人组成的私人生活。家庭的隐私性已经成为日常生活中的重要组成部分：每个人坚持自己的空间，而那些在他人看来"太过开放"的家庭，例如在社交媒体上分享个人生活，会因公开私人信息而受到批评。由于退入私人生活，家庭有时缺乏他人——那些为家庭做出榜样、指明道路，以及干预家庭问题（包括暴力）的人——的保护性纠正。即使是友善的家庭与家庭之间，也很难干预别人的教育。"除非受命，莫提建议"的原则也镌刻在培训者和咨询师的心中，因为"建议也会是一种暴力"①。伸出援手和越俎代庖之间的界限真的很难分辨。但是这不该成为家庭拒绝支持和帮助，让问题自生自灭的理由。

此外，由集体来照顾孩子不仅减轻了父母的负担，而且对孩子也有好处，因为孩子会感受到众人对自己关怀备至，显现出来的问题也可以得到解决。研究还表明，祖父母可以在复原力的培养中起到重要作用，[16] 特别是对于那些父母照顾不周或是直接被忽视了的孩子，所谓的代养父母能够提供良好成长的保障——当然是在教育风格合适的前提下。孩子需要与他人建立社会关系，学习社会关系并培养同理心。"但是同理心的培养和在此基础上的社交能力，需要来自周围环境的决定性的输入。"[17] 儿童精神病学家布鲁斯·D.佩里博士解释道。这就导致了一个恶性循环：越是远离共同体和社交，人们就越难获益，反过来这又影响了自己与他人的相处方式。同理心的培养需要共同体的特定条件以及正常运转的社交网络，这样才能关注到孩子的需求并且满足它们。孩子处理困难的能力也会得到加强。而家庭的孤立、频繁地搬家和转学则被认为是阻碍孩子复原力发展的因素。不管成人还是孩子，都需要一个健康的、轻松的社交网络。

如今，母亲理所当然地被认为应该满怀爱意地、自我牺牲地照顾孩子，将自身的需求放在次要位置，同时还要为家庭收入做贡献，且不能让人看出压力。这种印象带来的负担，在日常生活中产

---

① 原文是德语文字游戏：Ratschläge（建议）和 Schläge（打）。——译注

生了压力。压力导致母亲在与孩子相处时变得不那么敏感，不能很好地感知孩子的需求，从而一再地发生冲突。也许几个孩子的年龄十分相近，在日常生活中常常依赖着同一个家长；缺少家庭和亲友更多的支持，以及缺少（高品质的）托儿所这些因素，导致压力等级还在上升。如果再加上生存保障的经济焦虑，例如对于没有充足支持的单亲家庭，负担就会越来越大。

许多原因都会导致负担，致使负担过大并在教育的日常中催生出压力、压迫和暴力。即使本意是和孩子好好相处，且知道自己需要什么，但要付诸实践仍需经过一条艰难的道路。

~~~~~~~~

安东尼亚是两个孩子——奥斯卡（七岁）和汉娜（三岁半）——的母亲。她住在一个大城市里，且认为自己的教育风格是以亲子相互依恋为导向的。她工作半天，而丈夫有一份全职的轮班工作。早上她往往需要独自照顾孩子，送两个孩子分别去学校和托儿所，然后自己开车去工作。周而复始的生活让她觉得每天早上压力很大，安东尼亚描述道，她找不到一个能减少晨间压力的解决方案。她总是需要催促和责骂孩子，而且已经试过了所有可能性——她曾经把每个人的衣服拿出来放好，铺好早餐的桌子，在晚上做好去学校吃的面包并整理好书包。然而届时总是会发生点什么，尤其是汉娜那边，因而早上的流程充满压力，不能按计划进行。她不可以起得比这更早，因为她也需要睡眠，而且在晚上还要做白天没有做完的事情。她丈夫会尽其所能地来帮忙，但是他的工作时间和加班时间不太允许灵活变通。当汉娜（或偶尔是奥斯卡）在白天发脾气，还想玩或者不穿衣服，安东尼亚就骂他们，或是下意识地做出粗鲁的肢体动作，以便能准时出门。在安东尼亚的情况中，别人很难提供什么真正务实的帮助：她已经尝试了当前条件下能够利用的所有可能性。对她来说，重要的是对自己宽容，在有压力的情况下尝试不要表现出侵略性，并假设汉娜随着年龄增长能够更好地适应那些早上迫于时间限制而不得不做的事情。可惜的是，有时就是没有完美的解决方案。

集体育儿的进一步发展会导致空间的变化，儿童的生活会从自己家转移到一些设施中，被扩展到另外的育儿场所里，在那里，少量的教育人员要照顾许多孩子。这些设施包括运动协会、自由活动室、儿童教室，等等。[18] 它们受制于特定的条件，例如到了特定时间才开放，这就对家庭生活造成了压力。此外，这些设施决定了另一种与孩子交往的方式，并且如下文所写，会造成某种制度性的暴力。儿童的生活得到扩张，同时也会被更强的外力所塑造。玛丽亚·蒙特梭利（Maria Montessori）是这方面研究的开路人，她提出了"预备环境"的方法，让一部分的教育力量转移到周围环境中。儿童的生活会因此逐渐变成一个特定的活动空间，被严格地限制并且远离成年人的生活现实，成为一个小小的、被塑造的、被监管的平行世界。如今广受喜爱的蒙特梭利教育学是从玛丽亚·蒙特梭利原初的方法中推导出来的，比起原来的版本要友好得多。她希望建立一个研究儿童成长的实验室，后来为了方便广告宣传改称之"儿童屋"，这么做是基于她的医学信念，即"儿童的一般规范可以从其平均的中等水平中见出"。这在教育实践中导致了"这个意大利女人不仅不喜欢见到生机勃勃的、充满幻想的、贪玩的、创新的、固执的孩子，而且还把他们看作偏离规范的孩子，甚至看作生病的孩子"[19]。如今的蒙特梭利式教育机构，不太可能再出现这种现象，但是这种给孩子塑造环境并施加影响的思想，对儿童房间的"正确"布置，通过引导和模仿进行教育，专门为孩子生产的材料和相对于成人版本缩小的各种物品，都是广为流传的教育手段。玩具被特地生产出来，以某种特定的方式来使用。人们告诉孩子玩具应该这样玩而非那样，因为教育者传达出了这个信息。只需在网上看一眼儿童房间的图片，就能知道这些常常过于受限的儿童成长房间如何被教育学的要求所影响。

照顾孩子的任务在几个世纪的时间里不断地被推到母亲身上，让她们独自承担，而父亲则由于家庭之外的任务而与此脱钩。女人所受的家庭暴力对于孩子的成长有进一步的影响。家庭暴力的受害者有 81% 是女性，在伴侣关系中的强暴、性胁迫和性侵犯等方面，女性受害者比例甚至达到 98.4%。这种暴力遍布所有阶层。2018 年，在德国，伴侣暴力的受害者有 140755 人。[20] 直到 1997 年，女人才可以免于婚内强暴。在童年和青少年时曾目睹这种暴力的女性，比起那些没有经历父母之间暴力的女性，之后被伴侣家暴的可能性要高很多。[21] 家庭暴力会影响孩子及其世界观和生活，并在其大脑发育、抗压力机制和与他人的互动中留下痕迹。孩子越经常经历暴力，就铭记得越深。

带有父权制特征的社会对于孩子的成长有着负面的影响，这种影响只能慢慢地通过新的家庭模式，通过父亲更多地参与陪伴孩子以及更强硬的暴力预防来消解。

反思：
包围童年的框架

父母并不是对孩子的一切都负有责任。如果觉得难以给孩子一个没有压力和暴力的童年，这也不是父母的错。必须要在完整的语境中观察其可能性：是什么给我带来了压力，为什么我变得不那么灵活，什么东西对我的日常生活造成了困难？画一张图来具体地审查这些东西，会有所帮助。

画出一张家庭图的框架。使用你在本书中见过的那种速写笔记法，方便看清自己受到了哪些影响：家人之间是相互支持还是缺少支持？有能够信赖的朋友吗？需要哪些支持，例如课程、小组或者协会？有没有一些喜欢去的美丽的地方？为自己画一张卡片，用文字或者绘画来表示人际网络和家庭所受的支持，使之一目了然。如果你感觉自己的社交网络太小了，想想你能改变什么，你缺少什么。

针对孩子的暴力
依然存在

时至今日，不管是身体的还是精神的暴力，都还没有彻底消失。虽然孩子获得了本书第一部分所说的无暴力教育的权利，而且人格权也必须被考虑到，但是在社会里真的是这样吗？

2018 年，官方确定 50400 名孩子和青少年的幸福受到威胁。这些孩子中的 60% 受到了忽视，31% 受到了精神的虐待，26% 受到了身体虐待。[22][23] 法医学家萨斯吉雅·古达特（Saskia Guddat）和米夏埃尔·佐寇斯（Michael Tsokos）在《德国虐待其儿童》（*Deutschland misshandelt seine Kinder*）一书中认为，每年有 200000 名受身体虐待的儿童，其中 98% 是被自己的父母或者亲友所虐待的。德国儿童联盟（Deutsche Liga für das Kind）的社会学家和经理人，柏林儿童保护中心（Berliner Kinderschutz-Zentrum）的联合创始人约尔格·迈瓦尔德（Jörg Maywald）博士解释道："教育专业人士的错误行为和暴力在每个日间托儿所中都有出现，只是强度和频率不同。"[24] 不同形式的暴力（身体或精神的）一直被用作惩罚错误行为或者展示权力的教育手段。数字不言自明，白纸黑字的法律虽然有了，却没有得到真正的贯彻落实。即便是现代教育手段，也充满了对于孩子人格权的忽视，人们的思考和行动还跟不上所提出的要求，这实质上也是由于过去的历史。人们很难抛下历史，真正辨认出对孩子的暴力，并且改变做法。

虽然暴力的后果已经广为人知，但是暴力的手段在媒体和咨询师那里仍然被当成一件小事，有时甚至还建议家长使用暴力。比如曾任萨勒姆王宫寄宿学校之领导的伯恩哈特·别博（Berhard Bueb）于 2006 年出版的书《赞美纪律》（*Lob der Disziplin*），这个学校和其他德国寄宿学院一样卷入了虐童丑闻[25]。书中鼓励了纪律和威权，并且此书还在《图片报》的宣传下成了父母们中广受好评的畅销书，然而学术界却反对别博的论点。安内特·卡斯特 - 赞恩（Annette Kaster-Zahn）的书《每个孩子都能学会睡觉》（*Jedes Kind kann schlafen lernen*）也继续作为畅销书出到了第七版，被医生、教育者和父母所阅读。然而该书所推荐的睡眠训练法按照依恋关系研究的最新结论来看，并不值得推荐。

此外，对孩子使用暴力并不是德国才有的问题，而是一个全球问题。联合国世界儿童救济基金会（UNICEF）在一项报告中解释道，全世界约有一半的孩子每年遭受身体、性方面或是心理的暴力。充满暴力的教育在全世界范围都非常普遍。美国法学女教授蔡美儿的书《虎妈战歌》（*Battle Hymn of the Tiger Mother*）于 2011 年出版，书中解释并赞美了中国人的教育。另外一个例子是：明星厨师杰米·奥利弗（Jamie Oliver）于 2014 年上了报纸，因为给女儿吃特别辣的东西来作为惩罚。[26]

于是可以断定，孩子如今仍然是一个被压迫的、权利受限的和受关注不够的群体。一切现代化的方法都没有改变这一点。教育思想中还是充满了如下想法，即教育并不是共情地陪伴孩子，而是亲子之间的权力斗争，只有当孩子接受自己在家庭中的从属地位时才会停止。这些都显露出当下对于孩子的态度，只是人们没有意识到这一点。"有权力"的家长深陷于这种权力结构和随之而来的思想过程中，以至于不能正确地认识面对孩子时的地位和特权。把这看作是理所当然的，看作是自然所赋予的，于是在心理上就形成了这种观念，导致对于孩子的轻视。

即使学术上对于孩子的成长和需求有了新的认识，但这些思想如今仍然盛行，从 2018 年上映的可怕的电影《父母学校》（*Elternschule*）中可以看出这一点。片中一群有着睡眠、饮食和协调性问题的婴幼儿接受了一个可疑的疗程。在那里，父母了解到，与孩子共同生活一开始就是一种权力斗争，婴儿已经开始尝试让自己说了算，因此父母必须强硬，通过展现权力来保证自己的生存。这种理论是基于行为主义的假设，通过医学上无效且有着显著危险的"日耳曼新医学"[27] 推导出来的。"小甜心已经骗了我三次了。他想要生存！我怎么样对他来说根本无所谓，重点是他自己的生存。"[28] 在那里做事的心理学硕士迪特玛·朗格解释道。电影里的许多情节使人想起过去那些黑暗的教育手段。虽然儿童保护联盟解释，这个项目中的孩子受到了身心的暴力，[29] 德国社会儿童科学和青少年医学协会（DGSPJ）[30] 及其他的组织也说明，片中展示的措施是不合适的，但是该片还是被赞美并且获得了德国电影奖的提名。[31] 正如在别博的书《赞美纪律》中所说的那样，专业人员建议不要使用这种处理方式，也就是暴力；与此同时，这种做法却被教育学和心理学的外行人所支持和赞美。这表明人们还是没有摆脱过去的残酷手段和对孩子的错误观念，它们牢牢地占据了成年人的头脑和思想。在电影《父母学校》这边，开明思想终究还是更胜一筹：对于疗程的需求日渐减少，那个饱受争议的诊所终于关门，但责任人却继续在其他职位工作。人们只能希望，那些孩子还在经受暴力的其他领域，同样能成功迎来开明思想。更重要的是，要持久地更新对于孩子和教育的思想。试着寻找一种态度，一种与孩子交往的方式，能给孩子自由，让成人获得稳定的地位，能稳定地陪伴孩子，而不用以压力和暴力扭曲他们。

◇ 精神暴力不容忽视 ◇

在很长一段时间里，公众和研究者的注意力都放在了身体暴力上，直到几十年后才意识到精神上的暴力。然而对孩子进行贬低、拒绝、恐吓、威胁、制造忧虑和孤立的坏影响只会更加严重——即使只是"说他几句"或是冷落他，即使孩子的身体没有受损。此外，有多少种精神上的暴力虽然存在，却没有被写进法律。剥夺孩子的权利也属于精神上的暴力，例如："我更明白什么对你好！""你还不懂！""这又没坏处！"家长往往一再地对孩子提过高或过低的要求，或者让孩子依附于自己，通过"我为了你放弃了……"和"总有一天要被你气出心脏病"的句子来向孩子传递负罪感，这些也会给孩子带来精神压力。[32] 和身体暴力一样，精神暴力也会留下痕迹——只不过难以辨认，只能通过孩子的反常行为来诊断。

暴力对于孩子是尤其糟糕的，它让孩子失去保护和安全感，而这两者都是孩子所依赖的，是依恋系统的核心。当暴力由亲密的家人发出时，孩子带着强烈的危机感经历这种暴力，在此过程中孩子失去了保护他的权威。长时间的暴力不仅导致了原初信任的丧失，还对孩子的抗压系统和大脑发育造成了负面的影响。暴力可能导致即时的直接反应，中期或长期的效应，乃至长期的后果和持续的伤害。[33]

即时的直接反应:休克、僵直、无法交流、恐惧、惊慌、叫喊、不断呼唤亲人、长时间哭泣、抱紧、自卫、盲目挥打、躲藏、迷惑

中期或长期的效应:退避、封闭、丧失原初的信任、丧失对父母的尊重和注意、精神萎靡、不愿玩耍、闷闷不乐、高度畏惧、更加黏人、拒绝关心、成长停滞、退回到之前的成长阶段、睡眠失调、拒绝上学、逃学、缺乏自我价值感、暴力行为 / 攻击性增加或特别顺从的行为、自残行为、自杀风险

长期后果和持续的伤害:严重的身心苦痛、积极人生价值的摧毁、自我贬低、拒绝社会关系、依恋恐惧、重复经历过的关系模式、维护或否认现状、自杀

◇ 结构性的暴力 ◇
不平等的权力关系使儿童处于不利地位

除了由个人施加的暴力外,社会中还存在着结构性暴力,也会作用于教育和社会化。结构性暴力阻碍或剥夺了儿童的发展和生活机会,而这个过程中既没有直接的施暴者,也没有突然的攻击。这是一种社会氛围,是不平等的权力关系的框架条件,影响着孩子。孩子没有被考虑到或被有意忽视,这种情况也渗透到了家庭中。在那里,父母和孩子之间存在着不平等的权力关系——这也源自缺乏具体的儿童权利:父母拥有决定权,因为更强大且掌握着经济资源;孩子依赖于父母。如果亲子关系主要基于这种权力差异,并且孩子天生被视为处于劣势地位,那么孩子在家庭问题中就几乎没有参与

决策的权利，必须服从和适应大人。他们的声音不会被听到或重视，因此也就无法建立起信任的基础。

~~~~~~~~~~~

内勒 15 岁大，在学校成绩普通，和同龄青少年有着很好的关系。她和她的母亲、父亲及 10 岁的弟弟生活在大城市里。她父母希望在孩子们"脱离苦海"的时候，能做一次长时间的出国度假，并决定去泰国三个月。但是内勒不想离开她的学校和朋友。她在这三个月里也可以和 60 岁兼职做售货员的奶奶一起住，但是内勒的父母执意让她参加这个"只有一次机会"的旅行。

然而父母可以意识到权力的不平等性，并尝试不使用这种不平等，而是尊重孩子积极的发言权，例如采取定期召开家庭会议和协商的形式，让每个家庭成员都能发声，并在家庭决策中拥有发言和否决权。这种关系并不是由于孩子自身必须从属于父母，而是由于决策的目标是相互妥协的。在内勒的情况中，父母简单地认为大人知道得更多，而内勒不能预见到她会错过什么；同时她正处在青春期中，此时的社交非常关键；没有明显的理由（学校或其他问题）不允许内勒去和祖母共度一段时间。内勒的父母没有考虑妥协让步，比如说，如果内勒太挂念她的家人时，可以在必要情况下跟随。内勒的情况处于个人暴力和结构性暴力的中间地带。由于不平等的权力关系，内勒的父母（正如许多其他父母）以为可以全权决定，而内勒只需遵循这个决定。

孩子和父母职责的观念表明，父母更知道孩子该怎么做。这种广泛存在的态度也被称为成人主义（Adultismus）。平权福利协会（Der Paritätische Wohlfahrtsverband）如此解释成人主义："这常常是人体验到的第一种歧视。孩子在这里早早地学习到，贬低和压迫别人是没问题的。"[34] 因此，早在孩童时期，歧视的土壤就产生了，使得其他的歧视形式，如种族主义、年龄主义和能力主义都被看作理所当然。[35] 经由这第一次压迫体验，儿童成长并进入到一个由各种不同歧视（"某某主义"）所组成的复杂系统中，遭受这些歧视并不知何时也进行这些歧视。刻板印象和对解放的压迫同属于这种暴力的范畴。

然而在家庭之外，也存在着那些会对孩子产生不利影响的权力结构，因为孩子及其特定需求没有被考虑到。结构性暴力最显著的例子是贫穷：即使许多父母尝试缓和这个问题，在自己身上节省开支，贫穷仍然常常使孩子在健康保障，也在消费品、业余活动和教育机会上供应不足和受到限制，而这又影响了孩子在群体中的参与和归属感。青少年研究者克劳斯·胡勒尔曼博士教授（Prof Dr. Klaus Hurrelmann）认定："成绩不佳的女学生主要来自社会和经济上居于不利地位的家庭，其中许多生活在相对贫困（relative Armut）的边缘。教育或职业能力不足的父母很难能给孩子带来长期的认同、激励与指导，而这些对于建立强健的人格来说是必需的。"[36] 通过贫困所带来的社会或心理性的后果，孩子直接或间接地遭受贫困之苦。

对于孩子的结构性暴力的另一个例子是道路交通，它不单对于孩子来说是危险的，而且还限制了孩子的活动自由和独立（特别是在城市里），以及增加了没有其他孩子陪伴在城市里玩耍的可能性。我常常收到父母的提问，孩子几岁的时候才可以独自去上学。例如，丽贝卡的儿子德尼，几个星期前独自去学校，并且开学不久后就声称想要独自上学和回家。为此他必须独自穿过有斑马线的大街，然而丽贝卡觉得那里的汽车开得很急，不会充分留意到孩子。

这个问题当然没有具体的答案。在这里，也需要留意孩子自己。有些孩子比较勇敢，有些则比较焦虑。有些孩子可以更早地让人放心他们自己过马路，有些则比较晚。有些孩子较为耽于幻想，一旦陷入沉思就不太注意周遭的环境，有些孩子则能很好地看清周围发生的事情。此外有的路比较危险，而有的不危险。如果孩子希望（或者必须）独自过马路，作为家长要考虑到这些方面：我的孩子是怎么样的，他如何才能安全地走好路？他会不会在斑马线上停下，直到车停住才开始走？他会和其他孩子一起走吗？需不需要大人事先和孩子一起踩点一些确定的位置（咖啡店、商店），以便孩子可以在找不到路时用它们当导航？他需要在路上使用手机来确保安全吗？最主要的是，我作为家长有哪些担忧，这些担忧真的是现实的吗？

许多父母因为道路交通感到焦虑并且不愿放手渴望独立的孩子，强迫较小的孩子牵着手走路，或者使用辅助行走的挽具，即所谓的防丢失牵引绳，让孩子被绳子牵着走路。父母的焦虑固然情有可原，大城市的确有着对于小孩子尤其危险的情景，然而也应该看到，这种条件促使人们做了一些侵略性的行为并对孩子产生了暴力。比起积极地克服和改变这些条件，显然操纵链条上较弱小的环节——孩子更容易。

城市规划也可以催生结构性的暴力，因为留给孩子玩耍的空地太少，或空地总是装有"禁止入内"的告示牌。

2019 年，16 岁的气候活动家格蕾塔·通贝里和来自全世界的另外 15 个孩子一起向联合国儿童权利委员会递交了一份独立申诉：[37] 气候危机损害了全球儿童的权利，所有为此负有责任的国家，包括德国，应该设立以科学知识为标准的国家法律，来对抗这场危机。是的，环境破坏和气候变化也是结构性暴力的形式。成年人以（消费）行为影响着世界和未来的资源，造成资源短缺。如果人们知悉地、有意识地做出不可持续的、违反生态的决定，就是对那些已然受到气候变化之苦的人施加暴力，也给孩子带来负担，因为孩子不得不完全地承担这一后果。每一次不必要的飞机旅行，每次有意地放弃可持续性产品而选择更简单的一次性替代品，都是一种形式上的结构性暴力。并不是每个家庭都能够且有财力过上可持续性的生活。但更糟糕的是，能做到的人不应用这种知识，或是不使用其特权来支持一种结构性的转变，使得可持续性的生活变得便宜。这让人不太舒服：正因未来，才要在当下参与思考这些。

◇ **托儿所和学校中的制度性暴力** ◇

对待孩子的观念在与孩子有关的所有领域都产生了影响，托儿所和学校也不例外。正是这些机构，通过现存的结构和常常不平等的权力关系支持了暴力和侵犯性的教育行为。考虑到许多人聚集在托儿所和学校这样的机构里，规则就更应该争取让和平和考虑周全的共存成为可能。另一边，这种结构也导致了教育者和孩子之间的权力不平衡：成人负责执行规则，而这些规则不是和孩子一起制定的；且必须贯彻特定的要求——一起学习、用餐、做手工……在这里，人们希望孩子是服从的、有成绩的，而自主性和对个人需求的照顾有时难以执行。

机构预设了节奏和流程：什么时候吃饭，什么时候暂停，什么时候学习，什么时候出去，什么时候休息。空间的设置常常也会给人带来压力，"空间成了教育者"。这一方面听起来是自由的，另一方面却又给出了限制。场所给出了结构，但同时也赋予了纪律：谁坐在哪儿、怎么坐，常常都由教育者决定，而不是取决于孩子的偏好和喜恶；在托儿所和学校里，餐桌上往往有预定的座次，这也是为了形成纪律而设置的。

这就导致，到了吃饭的钟点，也许并不是所有孩子都觉得饿了；或者并不是所有孩子都想要在午休时休息，或者有些人也许更早就困了。这些个体性差异是正常的。然而想要解决这种情况，须知想法和可行性之间存在差异，诸如教师和孩子的比例和职业素养等都是重要的因素。例如，有些托儿所和学校里，孩子会在小餐厅中独立用餐；有些托儿所和学校配备了休息区，困了的孩子可以退入其中；到了午睡时间，完全不累的孩子也可以不睡；孩子们也不用一起上厕所或是被强迫一起吃饭，保证之后也不会饿。

在学校里还有成绩压力：教学计划规定了孩子必须学的东西。一般会有一些同年龄的班级，在里面由一名教师为孩子授课。在不同年龄的班级里传授知识，班级里的孩子们互相扶持，这至今还是一种例外状况。但是因为孩子不像成人，并不总是可预期地遵循同样的目标和设想，所以也会导致冲突——不同的想法相互对立。孩子在托儿所和学校中比在家庭里更多地面临行动的压力，因为要遵守特定的规矩并实现目标。通过考试和分数来测定和记录成绩可能会加大压力并导致孩子之间的竞争。在教师这边，成绩和严格的教学目标使之越来越有可能给孩子施加压力。这一点与承袭而来的儿童观或是传统的教育观念相结合，会给孩子带来更大的问题。虽然在德国的托儿所和学校里，人们不再把身体暴力当作教育手段来使用，但是据联合国儿童基金会称[38]，2018 年有 7200 万学童在身体暴力面前没有得到保护。例如，在印度有 78% 的 8 岁孩子经受了体罚；十万多的孩子在美国学校遭受了"桨罚"（Paddling），即用木板敲打。而有色人种和残障孩子显著地比别人更经常挨打。[39] 再加上其他形式的歧视，例如种族歧视，成人歧视——即来自成人的歧视，也可能在结构性暴力的框架下变成日渐严重的问题：一个将种族主义内化了的白人教育者，可能会通过系统中不平等的权力分配来进一步地损害一部分孩子，这种情况长期对这些孩子产生影响。性、性别、社会阶层和其他因素都可以通过托儿所和学校的结构来加强对孩子的暴力，例如当想到那些看不起女孩的数学老师。[40] 孩子偏离了被塑造的规范，或是没有完成目标，就会进一步被归类成后进生，最终适应那些必须做的事情。

许多专业人员都没有意识到自己内化了的教育观念、儿童观念，或是不太会质疑和反思，这些观念对那些在此种系统中一直处于弱势地位的孩子来说实际意味着什么。固然这种形式的暴力是不被联合国儿童权利公约第二条所允许的——但是在这里也看到，法律和实践尚未统一。

~~~~~~~~

在我上大学时及毕业后，我在不同的研究项目里评估了日间托儿所的教育质量和专业人员的进修。那时常常在日间托儿所观察，评估观察结果，并给予教育者反馈和建议。有一次我观察了一个幼童班级的朗读会：教师为孩子朗读一本书。孩子们坐在他周围，互相稍微推搡。教师在中间停下来整顿孩子的秩序或是解决他们的小争吵。那时吸引我注意的是，他一直友善地，但也是坚决地把一个黑人女孩推到边缘。之后评估这个情况时，他解释道，他这么做是因为她反正还什么都理解不了，因为她前不久才进入托儿所，几乎不会说德语。他没有意识到自己的排外行为和这种行动背后的种族歧视。

为了从根本上防止这种暴力，教育人员需要得到非常专业的训练，一方面要学习对于儿童成长的一般性知识，一方面也必须理解儿童成长中有许多的变数，在把知识贯彻到实践中时累积经验。为了避免结构性和机制性的暴力，训练、进修、反思和监督应该在学校和托儿所里成为日常的一部分。另一个问题是，社会不能通融家长和教育人员犯错误：如果看到迄今为止人们如何度过童年，童年生活受什么影响，就能明显地看出，大家有些时候很难做出改变。人们应该把这当作正常的来接受，并发展出支持性的结构，从而能更好地应对这一点。

为了保护孩子，立即采取干预当然是必要的。此外，加害者也需要有专业和治疗上的处理和支持——即使是对于那种被看成小问题的情况，例如孩子在学校和幼儿园里被怒骂或是被迫去尝试某些东西。所有地方都应该设有匿名的、低门槛的投诉系统，来调停和监管。必须让教育工作者有意识地去感知同事的可疑行为，并且以中立的态度报告之，从而共同处理它而不带羞辱。简而言之，必须发展出一种文化，在这种文化中人们可以公开承认，每个人都还在逐渐地改变教育，逐渐开始目睹暴力。这种文化以解决问题为导向。只要这种支持性的体系还没有被广泛铺开，暴力就会被隐瞒，被遮盖，且过多地被其他人分担。然而，这等愿景离现实仍然很远。甚至可以说，由于资质不足或未受职业训练的人员，以及从未受过教育学训练的转行者，由于拒绝设立有规则的、被国家资助的监管系统，政策仍然在促进成体制的托育和教育机构中的暴力。2012 年，当时的教育部长乌尔苏拉·封·德·莱恩（Ursula von der Leyen）和家庭部长克里斯提娜·史略德（Christina Schröder）建议，将那些由于药商施勒克（Schlecker）破产而失业的"施勒克妇女"（这种措辞就带有歧视的味道！）训练成教育者，从而填补这一领域中专业劳动力的缺失。[41] 即使她们接受了这种专业训练，政治方面也应该对于教育者的职业，对于孩子展现足够的尊重，使得这种做法免于遭人非议。也许在当时的药店工作者中，会有那么一两个人可以真的乐意地、带有反思地、投入地从事这项工作，但是这决然不是由于一种全面的才干或兴趣，而兴趣本该是从事这项工作的前提。非教育学专业的人也许可以提供援手或是填补专业领域上的空缺，但是也可能把自己未经反思的教育观念、暴力经验和歧视带入教育的日常，这种风险是很大的。

约尔格·迈瓦尔德，德国儿童联盟（Deutsche Liga für das Kind）

的经理，还列举了在机构的情境下可能导致暴力的短期和长期负担，其中除了专业训练的不足、缺少的知识、带来负担的个人经验和历代相传的暴力以外，还包括机构隶属于某些教派或极端团体、结构性的缺失（例如糟糕的空间和人员配置）、缺少团队支持、缺失了保护的概念、对于暴力关注不足和特定情境下的过度要求。[42]

　　在托儿所工作多年的心理学家和教育学家安科·伊丽莎白·巴尔曼博士（Dr. Anke Elisabeth Ballmann）在她 2019 年出版的书《心灵的殴打》（*Seelenprügel*）中，具体地展现了儿童在托儿所的日常生活中何时何地会经受羞辱和暴力：对哭泣的孩子缺少宽容，对孩子的能力缺少体谅和过度要求，用餐时以身体暴力来进行恐吓或厉行维持纪律，乃至限制孩子的自由发展。这一结论适用于德国众多的托育机构。2012 年发布的 NUBBEK[①] 研究（该研究由联邦政府委托开展）证实："各类非家庭式托育模式中，教育过程质量处于中等水平的机构超过 80%。优质教育过程质量在所有托育形式中的占比均不足 10%；而质量不达标情况（日间托管除外）则明显超过10%。"[43]

　　在社会的许多地方都可以看到结构性和制度性的暴力。不仅是学校和托儿所这样的机构会因为其滋生暴力的结构而引人注目，还有其他机构，诸如（运动）协会和教堂，近年来也尤为受到关注。这也不是特例或者如今才出现的难题，而是几十年（乃至几

---

① NUBBEK：Nationale Untersuchung zur Bildung, Betreuung und Erziehung in der frühen Kindheit，国家幼童教育、照护和教养研究。——译注

世纪）延续下来的问题。教养院、寄宿学校和修道院学校——这类等级森严的机构尤其容易出现各种形式的暴力。德国教养院儿童的处境在多年之后才经由"教养院教育圆桌会议"（Runder Tisch Heimerziehung）的调查正式公之于众，其内容主要是根据当事人的公开报告。人们很明确地断定："教养院里形成了一种压抑和严格的教育，这种教育在封闭的系统中丧失了一切尺度。"[44]

必须意识到，在同一个机构中孩子所拥有的条件可能因个人而全然不同：孩子在那里可能有美好的体验，被重视和尊重，而另一个孩子就有可能在同一个班级里有全然不同的体验——因为肤色、宗教、脾气和外貌不同。正是考虑到权力和暴力，所以才不应该把自己的经验看成普遍的，应该考虑到孩子可能会经历完全不同的现实。不知曾经多少次读到，报纸在报道施暴事件后，提到施暴者被邻居和熟人描述为"友善、乐于助人、不起眼"的。人有着多种面孔，可能是友善的，但同时也是种族歧视者、施暴者、能力主义者等。因此必须开放思想，重新接受这种含混性：应该能够忍受模棱两可的情景和自相矛盾的行为方式。这种能力使人们睁开双眼认知暴力，与受害者共情。在学校和托儿所的情境下，这种对于含混性的知识使人们思考，和蔼的教学人员可能在面对另一个孩子时性情大变，而孩子或其他家长叙述的问题不一定是荒谬或空穴来风的，而只是不为人所知的另一部分现实。这并不意味着人们自身天然地不应该信任教育者和其他人，而是当其他父母报告问题时，应该开放思想，而不是劈头盖脸地回以一句："我想象不出有这种事，甲女士／乙先生人一直很好！"

尤其戏剧性的是，即使知道暴力对于孩子成长的影响，政策也仍然维持着那些催生暴力的因素，例如在扩大师生比的方面，对于教育机构的财政帮助太少，职业教育标准太低等。制度性的暴力本质上也是由于那些被政策所催生的条件而产生的。学校方面对于政策也有更多的需求：德国把仅仅 6% 的国内生产总值投入教育，而对于经合组织大部分国家都投资得更多，特别是斯堪的纳维亚国家都投入了 10% 以上。[45] 这对孩子们不利，尤其对那些生在贫穷家庭，在学校里也没有得到支持的孩子。

需求导向的
家庭与暴力

如果周围的父母大多以需求为导向的方式来养育子女，那么我们实则身处一个信息茧房之中。基于自身的经验和立场，父母很容易将个人体验泛化、强加于人，却忽视了社会的真实困境。在社交媒体上经常能看到这样的表述："我的家庭不存在暴力和权力滥用问题，因为我们奉行需求导向养育！"——这种对家庭生活过度美化的描述，实则暴露了社会对新型家庭模式（因缺乏先例）所带来的挑战、问题及挫败的包容度不足。事实上，我们都在探索的路上，都难免犯错。即便在这个理想化的信息茧房里，仍有无数父母在养育理念、思维方式和具体实践中反复挣扎——甚至可能将原本富有意义的价值观推向极端化。

诚如所言，并不存在某种标准化的"童年"概念——过去不曾有，现在亦无定式。但可以确定的是，如今在德国，童年已成为法律重点保护的特殊阶段，承载着为儿童未来人生奠基的使命。这个被建构的"童年空间"，实则由成年人依据自身认知不断填充塑造。即便是需求导向型家庭，也难以摆脱对某种"理想童年"的预设范式，而这种思维定式往往加剧育儿压力，使家庭陷入困境。当追求和谐成为第一要务，当标新立异成为执念，当意见分歧不被视作自然对话而被视为教养失败，当手足冲突被解读为教育失败——这些认知偏差，正使人们走上弯路，无法正确理解童年。需求导向很快会转变成一种待办清单，上面罗列着诸如母乳喂养、自主进食、陪伴入睡、使用赤足鞋、购置儿童安全座椅等内容。而这样一个内在的规范让父母和孩子都陷入压力之中。一种理念、一个构造物、一个方法取代了个性化的陪伴。一旦把履行某种方法看作自己的义务，就是以一种微妙的方式对自己和孩子施加了暴力。

～～～～～～

卡洛塔做好了一切准备：研读需求导向型家庭生活指南，涉猎自主分娩与现代母职研究。在女儿菲丽齐塔出生前，她已规划好育儿蓝图——母乳喂养、亲子同床、自主进食、践行"亲子关系优先于管教"。然而孩子出生后一系列困境接踵而至：哺乳困难重重，即便聘请哺乳专家也不见效，六周后不得不添加配方奶。这使卡洛塔陷入严重的心理危机：她不断自我质疑，在理想标准与现实落差间反复挣扎，试图通过"至少在其他方面加倍付出"来补偿女儿，确保女儿健康成长。这种补偿机制令她筋疲力尽，在过度付出的过程中，她反而忽视了孩子的真实需求——这恰恰源于她追求完美的执念。

此外，睡眠问题成为新挑战：菲丽齐塔在大床上睡得很不安慰，连带影响父母的睡眠质量。尽管卡洛塔坚信"亲子同床"理念，但最终艰难地决定让女儿单独睡婴儿床。她耗费数月才真正理解：菲丽齐塔的睡眠需求不符合自己预设的"亲子同床"清单条目——而这种情况完全正常。尽管孩子成长良好，但直到两年后的今天，这位母亲仍无法摆脱"未能给予孩子完美人生开端"的负罪感。

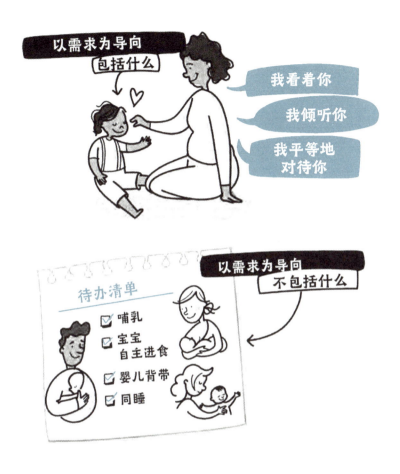

在教育理念（践行非暴力教育）与日常实践之间，仍横亘着一条亟待弥合的认知鸿沟。但是想要弥合这条鸿沟绝非易事——即便怀抱最美好的初衷，历史的重负仍会悄然渗透于育儿日常中的微小时刻。

即使是奉行依恋导向或需求导向养育的家庭，也难以完全摆脱那些深植于文化基因的思维惯性：孩子哭闹，是否在刻意操控？此刻是否意味着一种权力的博弈？我的妥协是否会会让孩子变成一个"小皇上"？过度满足是否会导致宠溺？若您从未有过此类疑虑，此刻便可合上此书；若曾在某个瞬间与此类念头缠斗，那么就请继续阅读。这些思维模式的出现绝非偶然：在经历过威权教育传统的文化土壤中，我们尚不能完全卸下承袭的暴力遗产。问题的关键不在于彻底消除这些思想残余，而在于保持警醒——辨析它们何时仅作为背景警示音存在，何时已悄然转化为我们本心抗拒却难以察觉的行为模式。

哪些地方充满了暴力，要如何做出改变？

"我曾祈愿，至今仍祈愿：避免暴力。

非暴力乃我信仰之首要，亦为终极信条。"

——圣雄甘地（Mahatma Gandhi）[1]

有些父母会将自己的创伤直接传递给子女——以殴打、羞辱或威胁的方式对待孩子。那些源自童年、曾被误认为"有效"的管教模式被机械复制，却无人深究这些行为本身的合理性。人们通过回避以免与痛苦过往的对峙，既维系了父母的理想化形象，也避开了直面贬低与暴力而引发的二次伤害。然而，并非所有经受过暴力的人都会重蹈覆辙——许多人渴望做出改变，但亲子间根深蒂固的权力落差与困境中的别无选择，早已镌刻进人们的行为基因中。即便能克制身体暴力，也难逃非暴力表象下隐蔽的情感压迫。暴力思维的源头常如暗流潜藏。子女遭受家庭暴力的因果链往往盘根错节，暴力经历对后续行为的心理塑造更易被低估。当人们深陷代际创伤的闭环时，常难以觉察：那些看似主动的伤害行为，实则是创伤应激反应与内化自我认知共同催生的产物（如首章所述）。父母想要自由地做决定、行动，并有逻辑地应对孩子的行为，然而孩子触发了父母过去的伤痛。父母以前所受的教育，对过去的观念继续产生作用，即使产生影响的上一辈已经去世。孩子所需要的东西，一方面是自由、支持和理解，另一方面则是关心和安全感，这会被内化的经验所打破。这将人们的行为封锁在一个所谓的"安全圈"² 中。这个圈的概念由治疗师肯特·霍夫曼（Kent Hoffman）、格伦·库珀（Glen Cooper）和伯特·鲍威尔（Bert Powell）提出，这三人把研究依恋关系的学术知识和神经科学融汇到这一贴近日常生活的、用于切入亲子关系的概念中。根据这个模型，孩子会每天在对保障和安全的需求和对了解的需求之间摇摆。然而成年人有时不容易区分出孩子当下的需求是什么，自己应该如何应对。根据这个概念，重要的是成年人在孩子面前显得"更大、更智慧、更强和善良"——这给予孩子必要的安全感。

只有通过反思自己的行为和经验才能探知到，这种情况下的问题和障碍具体在哪儿。这些障碍取决于每个人的个体经历。为了揭开这些问题点，就要考察如今仍然广泛使用的那些古典教育策略。

静坐、恐吓、剥夺晚餐、冷暴力、监察——许多家长都不认为这些"现代"的教育方式有什么问题。比起用荆条抽打或者关进地下室，这些看起来算是温和的。但是如果这样做，仍然陷入了危险措施的范围，不会促进孩子的成长。在所用的许多教育方法中，都暗藏着暴力，而大家对此没有意识。暴力不是那么容易发觉的，是更加微妙的。使用这些方法，表面上是想帮助孩子，以便他们在大人所确定的范围内好好地活动。因此，家长尝试通过奖励或惩罚，借以恐惧、惩处和承担后果来塑造和驱动孩子。意识到这种暴力的微妙形式，是实现无暴力教育的重要一步。因为只有不受压力和暴力长大的人，才是自由而不被扭曲的。

恐惧作为教育手段

不少人都曾说过类似的话:"如果你不牵着我的手，就会被车撞到。""如果你不乖一点，就要挨尼古拉斯①的鞭打了。"许多父母正是用恐吓来对付年幼的孩子:引发孩子恐惧，引导孩子做出自己期望的行为。乍看之下，这种方法似乎既有效又实用，尤其是针对真实存在的危险情境，比如滚烫的灶台或繁忙的马路。但若细究这种手段的实质影响，我们会发现:幼儿因其依赖依附系统的天性，确实会对这类威胁产生即时反应。可当家长刻意激发孩子的恐惧时，实际上传递了一个残酷的潜台词:父母可能不会（或没有能力）保护你。

～～～～～～

让孩子乖乖刷牙对于很多家长来说都是个难题，无论如何孩子"就是"不愿意配合——要么小嘴紧闭，要么拼命摇头。许多家长在这种情况下会违背孩子意愿使用身体暴力，就连牙医们也推荐这种做法。若不这么做，大部分家长就会转而使用恐吓:"不刷牙就会长蛀牙，很疼的，到时候牙医会拿钻头在你嘴里钻，还要给你打针!"但这些描述收效甚微，因为这太抽象了，能留下只是孩子们对于牙科诊所的恐惧。许多父母认为，这种故事就是"逻辑上的前

---

① 圣尼古拉斯:圣诞老人的原型，常被用于恐吓不乖的孩子。——译注

因后果"，事实上却是一种施加恐惧的做法，逃避了父母应尽的责任。当孩子抗拒的时候，要做些什么当然很难。但是父母的责任是找到一个非暴力的路径，去保护孩子并满足其需求。这才是为人父母的意义，其余都是强迫。不妨发挥创意进行思考：是时间错了吗？是孩子太困了吗？一首歌、一个视频、一个手偶、一场游戏、一个牙齿染色板，会不会有帮助呢？

　　家长无论如何不应该放弃自己的判断力和责任，更不应该刻意渲染恐惧，迫使孩子听从。唯有自己的思维方式和能力得到理解的前提下，孩子们才会发自内心地配合。即使在"车来车往的危险路段"这类典型的安全教育场景中，我们依然可以采用安全和依恋导向型的沟通方式："牵着我的手，我就能更好地保护你避开危险。"至于尼古拉斯，成年人应当践行自己想要传达的价值和规则，而不要诉诸另一个权威。与其说"如果你不乖，就……"（幼儿甚至无法理解"乖"这个抽象概念），不如根据具体情景强调那些核心价值观："如果你咬你弟弟，他就会疼。家人之间不要互相伤害。如果你生气，你可以做某某事情，这是可以的。"如果依托引起恐惧的幻想人物来实施惩罚（"……那你就会下地狱"），就是用教化手段遮蔽了教育者本应传递的价值观。

　　"如果你不听话，黑脸怪／皮特①会来把你带走。""坎卜斯②会

---

① 黑脸怪／皮特：荷兰传说中圣尼古拉斯的助手。——译注
② 坎卜斯（Krampus）：中欧传说中圣尼古拉斯的魔鬼随从，一般为黑色。——译注

把你带走！"诸如此类的话，不仅会让孩子产生恐惧，还可能在他们潜意识里埋下歧视的种子。事实上，有些家庭不仅口头威胁，还会在降临节庆祝活动中真的让"坎卜斯"把孩子装进麻袋，以此"惩罚"他们的"不乖"。这种恐吓式教育对幼儿确实"有效"，但所谓的效果往往表现为加剧的焦虑情绪和后续的心理问题。

父母在扮演权威角色时，常常不自觉地放弃了保护孩子的职能——比如用第三人称指代自己："现在要跟妈妈走了哦！"或是："爸爸不喜欢你扯头发！"这种表达方式本质上是一种自我消解：我们不再以真实个体的身份与孩子对话，而是以"母亲"或"父亲"的威权来和孩子对抗。试想，我们永远不可能对其他成年人说："请您往旁边挪挪，这位女士觉得太挤了！"也不会在超市收银台指责："不好意思，您插了这位先生的队！"这种特殊的语言模式，暴露了我们在亲子关系中的权力逻辑——试图通过称谓的异化来强化自身权威，让孩子服从于"父母"这个身份而非我们作为人的本质。但孩子从不会仅仅因为某个角色被社会定义为权威就自动服从。真正的配合源于亲子关系中的真诚互动，而非权力地位的宣示。

将"爱的撤回"作为教育手段，往往体现在父母刻意疏远孩子并威胁收回关爱之时："别来烦我！""我才不想和打人的孩子玩！"这种情感冷暴力会给孩子带来巨大的恐惧和痛苦。他们逐渐意识到，只有表现特定行为才能获得爱，这种认知将深刻影响其自我价值感和未来的人际关系模式。更可悲的是，孩子们会逐渐丧失感知和理解自身真实需求的能力——这正是许多成年人无法觉察自我需求、总是后知后觉发现越界的根源所在。不仅如此，情感冷暴力还会导致情绪健康水平下降，诱发抑郁的风险显著增加。若父母采用这种教育方式，孩子的道德发展也会受阻，因为他们只会机械固守既定的行为准则。教育学家阿尔菲·科恩（Alfie Kohn）对此解释道："若父母真心希望培养出具有同理心且心理健全的孩子，就必须清醒认识到，依赖情感冷暴力的教育方式是很难实现这个目标的。"[3] 爱的撤回和刻意忽视，本质上都是无声的暴力。

实施"爱的撤回"的做法中，最普遍的方式不仅包括刻意冷落孩子，还包括所谓的"隔离惩罚"。自 2000 年初，随着备受争议的真人秀节目《超级保姆》（*Super Nanny*）（虽收视火爆但部分内容有违人性尊严[4]）的风靡，这种惩罚手段便迅速渗透到无数家庭和幼儿园中，至今仍常见于教育实践。[5]

这种惩罚手段最初源于动物的条件反射训练，通过将行为失当的孩子关进特定房间（或罚坐楼梯／椅子／长凳），后被纳入美国育儿项目"积极育儿计划"（Triple P）之中，继而蔓延全球。当孩子出现不当行为时，他们会被孤立、排挤，被剥夺关爱、安全感和人际联结，失去行动自由，甚至常伴随威胁："要是你敢出来，就……"这种惩罚实质上是多种暴力形式的叠加，它向孩子传递着双重否定：你必须绝对服从，以及现在的你不值得被爱。

其实，我们完全可以采用另一种方式来替代"爱的撤回"：首先需要设身处地理解孩子的处境——我对孩子行为的期待是否合理？孩子此刻是否有其他选择？其行为背后的真实需求是什么？我该如何在守住边界的前提下妥善应对？我们完全可以坦诚地告诉孩子："我需要冷静一下。"这种短暂的自我调节无可厚非。此外，直白表达感受也值得鼓励："你刚才的话让我很难过。"关键在于厘清行为动机：我的言行究竟是为了用伤害来管教孩子，还是真的需要喘息空间？是借疏离来惩罚，还是通过坦诚沟通来化解矛盾？还有一种非刻意的情感疏离，它并非作为惩罚手段存在，而是源于父母自身未愈合的童年创伤——不自觉地回避孩子的需求。当陪玩变成负担，父母总会找出各种推脱理由："现在要洗衣服了，不能陪你。""这会儿真的不行，我必须先……""乖，自己去房间玩吧"。这种无意识的疏远，本质上仍是爱的缺失。当然，为人父母不必时刻陪孩子玩耍、读绘本、看动画或对战手游，但我们需要给予孩子真正的关注。这种关注能让孩子感受到被看见、被重视，也让我们更了解自己的孩子。若成年人在自己童年时未曾被真正倾听过，缺乏真诚平等的对话，鲜少与父母游戏互动，如今要打破这种模式往往格外困难——很难投入由孩子主导的游戏时光，难以理解他们的奇思妙想，甚至本能地逃避这种相处。若成年人自身的社交需求都未被满足，就更容易用"手机盾牌"来回避亲子互动。但孩子敏锐如雷达，不仅能感知这种拒绝，更能察觉父母"身在心不在"的敷衍。这种情感忽视会给孩子带来深切的痛苦，严重损害其自我价值感的建立。

如果你发现自己总在逃避与孩子的亲密互动，请直面这个问题。产生这种感受不是你的错，但你有能力终止这种代际传递。我们可以通过刻意经营来重建亲子联结：选择双方都感兴趣的游戏，将家务变成合作任务，在共同活动中展开深入对话。每对亲子都能找到专属的相处模式——这种联结永远存在，只是每个家庭的打开方式各不相同。

谎言、借口和诡计

偶尔对孩子开些无伤大雅的玩笑确实有趣，幽默也能帮助我们更好地应对育儿日常，让艰难时刻变得轻松些。应该没有父母没用过这样的借口吧："呃不行，这个不能吃，里面有酒精／咖啡因！"但谎言和借口不该成为我们逃避责任的手段。若不同意某事，就应当坦率地表明立场。

在电视剧《老爸老妈的浪漫史》（ *How I met your mother* ）中，成年后的泰德声称自己对培根过敏。[6] 某次郊游时，朋友马歇尔指出，这个过敏其实是泰德母亲编造的谎言，只为让他小时候吃得健康。泰德随即列举了母亲宣称会让他"过敏"的东西：培根、甜甜圈、万圣节糖果、不说谢谢……这时他才意识到，"过敏"不过是一种教育手段。这个情节虽被戏剧化夸大，但现实中很多家长确实用类似谎言来规避责任，就像借助圣诞老人等"更高权威"来约束行为一样。如果不愿或不允许孩子做某事，就该勇于承担这个决定带来的后果。当我们需要禁止孩子的某个行为或饮食时，必须明确表达并陪伴孩子，直面他们的情绪反应——这才是为人父母的责任担当。

这听起来并不复杂，却也绝非易事。人们总习惯搬出某些借口或推诿他人，以此逃避责任、避免冲突。另外，孩子也不该成为大人某些行为的挡箭牌："我们得走啦，宝宝要睡觉了。"父母需要练习直截了当地表达——这种清晰明确的态度，正是日后与孩子相处时不可或缺的。父母必须学会正视自己的需求并坚持下去，即便这恰恰是自己童年未曾学会、如今倍感困难的功课。

"因为我就是这么规定的！"

孩子必须服从成人意志，因为成年人更聪明、更有经验、更有远见。这种观念常常通过"因为我就是这么规定的！"这句话表露无遗。"为什么我不能去那里？""为什么不能玩这个？"——"因为我就是这么规定的！"我决定，你服从。如果父母不向幼儿解释为什么某些行为不被允许，就剥夺了其理解事物关联的机会。这并不意味着在某些情况下大人不能坚持己见。但即便是给幼儿一个简单的理由也是有益的——哪怕是："因为我现在应付不来！""因为这对现在的我来说太麻烦了！"这样，孩子们就能一窥成人的情感世界和需求。如果不告诉孩子"因为我不想一直给你换衣服，太麻烦了"，他们永远也不会理解为什么不能穿着干净衣服跳进水坑——如果这确实是我们的理由的话。

这种管教方式会随着孩子年龄增长逐渐失效——当他们开始独立活动、不再那么需要保护时，这种空洞的说辞就越来越没有分量。大孩子和青少年面对"因为我就是这么规定的！"时，会产生抵触和好奇，因得不到合理解释而渴望亲身体验。于是他们就会背着父母，偷偷尝试那些被不加解释就禁止的事情——尤其是当父母自己都不清楚为何要禁止时。

"我想玩这个联机生存游戏！"

"不行，我不允许。"

"为什么啊？所有人都在玩！"

"我说不行就是不行，你必须听我的！"

"总得有个理由吧？"

"因为我就是这么规定的！"

或许你曾耳闻《堡垒之夜》（*Fortnite*）这类游戏可能有害，却并未真正了解其内容。我们用道听途说的理论代替了真正的探讨——也许因为话题太复杂，也许因为我们不熟悉，又或者只是当下没时间、没精力应付。但这样就再次逃避了为人父母的责任。若这是孩子关心的话题，作为父母就应当认真对待。更好的方式是带着兴趣与孩子交流，甚至可以坦然承认自己的知识盲区："我看到过一些负面评价，不过我们可以一起研究下再讨论。"即便最终我们仍坚持己见，这也是经过深思熟虑、基于正当理由的决定——源自保护性的亲子互动，而非权力压制。当然，研究后的答案也可能是"可以"。

"我比你更懂你需要什么！"

如果沿袭传统教育观念，将儿童视为不完美、不独立、需要被塑造的存在，就会理所当然地认为孩子无法判断自身需求。相应地，成年人则自认为全知全能："你穿得太多了！""玩这么久明天会累的！""现在吃了待会儿就吃不下饭了！"父母干预、预判，只因坚信孩子无力为自己做决定。事实上，儿童虽然缺乏某些经验认知，但他们拥有与生俱来的感知能力——无论是疼痛（"梳头怎么会疼！"）、冷热（"不穿外套肯定会冷！"），还是饥饿、干渴或排泄需求（"快去厕所，你肯定需要！"）。当我们否定孩子的感知能力时，实际上是在瓦解他们对自身感受的信任。"你觉得热，但我告诉你外面很冷，所以把外套穿上！"这种矛盾指令甚至会损害孩子的生理发育，比如频繁催促孩子"出门前赶紧上厕所"，可能会导致膀胱感知失调，无法建立正常的排泄意识。当穿戴整齐的孩子突然说要上厕所确实令人崩溃，但相比花数年时间纠正一个无法判断排泄需求的孩子，这段短暂的适应期实在算不得什么。

羞辱和贬低

父母常常忽视儿童的尊严，不像尊重成年人那样尊重孩子，羞辱和贬低行为随处可见：当众指责男孩／女孩"不该穿这种衣服"；在公共场所闻到孩子尿布后，露出嫌恶的表情；给尚不识字的孩子穿上带有侮辱性文字的衣物；当着孩子面数落其无能……这些心理暴力形式都会深刻影响孩子的自我认知。从根本上来说，这些行为要么是为了管教孩子，要么只是为了宣泄自己的恼怒——以牺牲孩子的尊严为代价。

在社交媒体时代，我们更应警惕对儿童的羞辱。那些供成年人取乐的"搞笑"儿童视频——孩子坐便盆摔倒、受到惊吓或被哄骗咬柠檬的画面——在社交媒体上大肆传播。成年人哈哈大笑时，却忘了这些侵犯儿童人格权的场景本质上都是羞辱。[7]

羞辱不仅存在于成人与儿童的关系中，更会在儿童之间蔓延。它正是校园霸凌的常用手段——通过伤害尊严来实施排挤。此时成年人必须履行保护职责，因为受欺凌的孩子往往无力自行摆脱困境。

过度监管

如今，能让孩子自由探索、不受监督的空间已所剩无几。他们时刻处于成人的监控视线之下，行动处处受限，甚至被不断被"教育"："你该玩这个！""那个不能玩！""不许玩打架游戏！"——在这种环境中，孩子几乎不可能按照自己的意愿和想法自由成长。但孩子恰恰需要这样的时空——能追随自己天马行空想法的自由天地。在这些自由空间里，他们学习处理挫折，其前提是父母不频频干预。剥夺孩子体验挫折的机会，实则是对其成长的一种限制。

〰〰〰〰〰

随便找个下午坐在游乐场里观察，就会发现过度监管的弊端。这里早已不是自由玩耍的乐园。我们总能看到家长不断干涉孩子的游戏："滑梯是用来滑的，不是往上爬的！""把铲子让给别的小朋友！""来，我帮你爬，你还够不着"。这些持续不断的干预，剥夺了孩子自主解决冲突、探索身体极限、能力不足时寻找方法的机会。

即使在幼儿园里，这种自由空间也因各种教育活动而日益缩减：这里要"做研究"，那里要"完成项目"，每日的流程被精确安排。但孩子真正需要的，是教育之外的自由时刻与喘息空间——能尽情玩耍、勇敢尝试、自主行动。过度结构化的课程安排不仅意味着监管，更导致信息过载：各种活动、指令、任务和要求不断刺激着孩子。长期活在聚光灯下，不断被告知能做什么、不能做什么，终会使人筋疲力尽——这种因长期适应与伪装导致的过度刺激，在孩子身上尤为明显。等放学后孩子离园时，这种被耗尽的协作能力随处可见：一旦回到亲人怀中，他们突然就什么都不会了——不会穿衣、不肯走路。"我走不动了，抱我！""我饿了！"这些话语背后，往往隐藏着对亲密关系的渴求：终于可以卸下伪装，不必再勉强配合。这更是在适应教育规训的空间度过漫长时光后对"被完整看见"的渴望。不妨把孩子此时的坏情绪，视为一种解脱的叹息。即便我们将孩子的配合视为理所当然，但实际上它从来都不是。持续配合是耗神的，对幼小的孩子来说更是如此。

当孩子逐渐长大，能够（在社会认可范围内）独立活动时，许多父母便开始使用所谓的"追踪定位器"。尽管这是出于父母对子女安全的考虑，但定位器本质上仍是限制、监控与规训的工具。这背后的问题其实是，父母对逐渐成长的大孩子缺乏信任——不信任他们的能力、自主性和责任感。这种信任缺失可能源于两种情形：要么从未建立过信任基础，要么父母无法完成从"儿童养育"到"青少年陪伴"的心理转换。问题的根源往往不在于孩子的行为，而在于父母的观念与态度。若我对渐长的孩子心存疑虑，首先不应该认为这是孩子的过错，而是反思："为何我不愿信任孩子？我应该承担什么责任？"

在持续的监控下——即便孩子被迫服从，孩子的能力、自主与责任意识永远无法真正的发展。没有真诚的信任，孩子学不会创造性地解决问题，父母也永远建立不起基于孩子能力的信任（而非对规矩的机械遵守）。信任孩子，意味着相信他们能在困境中做出恰当抉择——这种能力，唯有通过放手让他们自己尝试解决方案才能培养。对稍大的孩子，父母的角色更应像"后盾"：在孩子的方案失效时提供支持，而非永远充当第一解决方案。父母应该成为紧急救生圈，而非永不松手的学步带。

与他人比较，
遭到群体排斥

在社交情境中，孩子常因与他人比较而产生恐惧，担心自己在群体中价值不足或遭到排斥。如果孩子被群体排斥，会感觉在掌控感、自我价值、归属感及存在意义方面受到威胁。群体排斥、拒绝与否定所激活的神经反应网络，与身体疼痛区域完全相同——这会降低痛阈，让孩子变得更加敏感。试想以下场景：

~~~~~~

两个孩子正准备穿衣出门，年幼的孩子总扣不好外套扣子。家长催促道："快点儿行吗？你哥哥在你这个年纪早就会自己系扣子了！"这样的比较显然无助于能力提升。孩子慌忙中被拉链夹到手指——这本是可避免的意外——而号啕大哭。家长又责备道："这点小事也值得哭？别这么娇气！"

每个孩子都是独特的个体，渴望被看见、被重视。但许多家长会陷入竞争思维惯性，将横向比较作为激励手段："别人家孩子都能做到，你肯定也行。"但幼儿尚未形成这类竞争意识，父母更应倡导合作而非竞争——这不仅适用于日常生活，也需贯彻到那些过分强调竞赛的引导性游戏中。比较非但不能培养能力，反而会让孩子在羞耻感中自我贬低。在上文情境中，家长本可以询问："需要帮忙吗？"或引导哥哥示范："让哥哥再教你一次怎么系扣子好吗？"

偏爱与忽视

在多子女家庭中，父母往往会出现偏爱某个孩子的情况。尽管家长常说"我对所有孩子的爱都是一视同仁的"，但说实话，这种绝对公平很难做到。有些孩子因性格或兴趣与父母更投契，有些孩子可能在某个阶段与父母在情感上稍显疏离——重组家庭中这种矛盾心理更为常见。这原本正常，但重要的是去审视一下，是否长期存在系统性的偏爱或忽视。年幼的孩子对关注度的失衡极为敏感，他们会将这种差别对待解读为不公平，进而影响自我价值认知。当发现兄弟姐妹更受重视时，天性敏感的孩子会感到被歧视。虽然孩子们也许还无法用语言准确表达，但这种感受会转化为行为变化——那些长期被忽视的孩子，往往通过问题行为来博取关注。

～～～～～～

自从弟弟出生后，弗洛伦缇娜就变得比以前更吵闹、更易怒。得不到想要的东西时，她会尖叫着把物品摔在地上，甚至在婴儿进食时故意捣乱。面对女儿的异常表现，父母别尔特和思文都束手无策——尽管思文特意请了假专门陪伴女儿，但弗洛伦缇娜依然像变了个人似的。然而从弗洛伦缇娜的视角看，世界已然天翻地覆。过去与她相处时间最长的母亲，如今给予她的关注明显减少。思文原本是全职工作者，而别尔特产前一直从事兼职工作，并在孕晚期休产假，因此母亲始终是弗洛伦缇娜最重要的情感依托对象。主要照料者的突然变更，加上母亲将更多精力转移到新生儿身上，都让这个女孩产生了强烈的被忽视感——即便父亲正在尽心照顾她。此时这个家庭需要重新调整分工：可以安排一个专属时间，让弗洛伦缇娜与母亲单独相处，帮助她逐步适应新的家庭模式。而思文则可以借此机会，专注于与婴儿建立亲密关系。

当孩子遭受情感忽视时，极易形成负面互动模式：通过问题行为引发斥责，即便获得的是消极关注，也至少能确认自己的存在感，然后变本加厉地重复这些行为——而照料者因此产生的厌烦情绪又会不断加剧。另外，被偏爱的孩子同样会受到影响。他们可能形成扭曲的自我认知，甚至通过父母无意识的示范效应，对受冷落的兄弟姐妹产生排斥心理。虽然我们作为父母难以控制内心的情感偏好，但完全可以调整自己的行为：当意识到处于问题情境时，应当主动关注处于弱势的孩子，并积极探索不同的应对方式。

拒绝保护与"挫折教育"

"挫折教育"作为一种教育方式深植于家长的观念中。家长总希望,孩子经历磨炼之后能更好地应对人生的挑战;通过体能锻炼,孩子能抵御环境压力。但从关于复原力的研究中可以知道:幼小的孩子被迫独自面对困难、在毫无保护的情况下承受压力,实际上无助于培养他们应对逆境的能力。

～～～～～

我的第一个孩子参加游泳班时,班里孩子的年龄跨度很大。这些孩子不仅学习动机不同,体能和技能也存在显著差异。有个年幼的孩子每次到了更衣室就开始哭泣——他根本不想学游泳。母亲却始终强硬地反复强调:"你必须学会游泳,否则会淹死;所有孩子都要学会游泳;何况我已经付了昂贵的学费。"显然,在这样的状态下,游泳教练也无法有效教学,他拒绝强迫这个孩子,尽管孩子母亲一再坚持。其他家长甚至要求教练劝退这个孩子,因为他的存在影响了正常教学。即便校方提出全额退款,这位母亲仍感愤怒,并声称要换一所游泳学校,因为"孩子总得找个地方学会游泳"。我们无从得知这位母亲的真实动机:是担心溺水事故?还是攀比心理?但可以确定的是,她完全忽视了孩子的实际能力和需求。孩子对水的恐惧——可能正是来自母亲焦虑的传导——无法在最重要的依恋对象那里得到安抚。他一次次被毫无保护地推入恐惧情境,所幸那位游泳教练临时充当了保护者的角色。

研究表明，除了儿童个人特质外，稳定的成长关系（能够培养信任与自主性的照料者）、民主的教育方式、亲密的兄弟姐妹关系以及支持性的家庭网络[8]，都是重要的保护性因素。而"挫折教育"就像是从过去投射而来的阴影，每当"孩子必须经历这个""将来没人会迁就他""童年是人生的预备学校"这类念头浮现时，它就会悄然蔓延。确实，儿童需要学习如何处理社交中的冲突并共同寻找解决方案。但当他们因权力不对等（如年龄悬殊或人数悬殊）而陷入僵局、因缺乏解决途径而出现攻击行为时，成年人不必直接介入解决，而应充当调解者——客观呈现冲突双方立场而不妄加评判，同时提供可能的解决路径。对于身体侵犯行为，成年人必须主动保护儿童。这不仅包括制止体罚，也涵盖以下情境：当孩子在"身体探索游戏"中感到不适时，在幼儿园或朋友圈被胁迫进行不愿接受的接触或行为时。儿童间的身体探索本是正常且重要的成长过程，但必须建立在自主自愿的基础上。遭遇越界行为的孩子需要得到保护，并明确知晓：任何人都无权支配他们的身体。同样，实施越界行为的孩子也需要被教导，理解身体自主权的重要性，学会识别他人的拒绝信号。

歧视的阴影：
当偏见来自至亲之人

正如在"成人主义"议题中所见，儿童常因年龄遭受歧视。此外，家庭内部也可能存在其他形式的歧视，且往往来自最亲近的家人：比如混血孩子因肤色不同被区别对待，残障儿童在出生时或成长过程中遭遇偏见等。

~~~~~~~~~

伊莎贝尔与伴侣扎西尔（幼年随家人从非洲移居德国）共同生活了八年，他们的五岁女儿亚米拉今年五岁了。三人一起生活在大都市，日常却面临着种族主义困扰。最令伊莎贝尔痛心的是，即便家人已接纳这段关系，仍然会存在着对扎西尔和亚米拉的隐性歧视：母亲会称亚米拉为"我的小卷毛娃娃"，甚至暗示"要看好混血女儿，这种异域风情的女孩最受男孩欢迎"。当伊莎贝尔提出异议时，父母却认为这些言论无伤大雅。

正如前文所述，许多歧视形式已通过故事、童话和社会榜样深植于人们的潜意识之中，以至于习焉不察。有时唯有亲身经历（就像伊莎贝尔通过女儿感受到刺痛）才能唤醒我们的认知。保护孩子免受歧视——包括来自家人的伤害——至关重要。这种伤害会侵蚀孩子的自我认同与价值感，引发一系列心理问题。家庭本应是让孩子建立复原力的安全港湾，唯有在此获得足够的安全感，他们才能抵御外界不可避免的负面经历。作为父母，我们需要时刻审视自身的思维定式：那些隐藏在玩笑中的偏见，是否正在不经意间伤害孩子的灵魂？

逻辑后果

以恐惧为手段的教育往往与惩罚紧密相连——就像坎卜斯传说中"你做错事就要受罚"的逻辑。虽然如今的教育常将"惩罚"包装成"逻辑后果",但在孩子眼中,这依然是赤裸裸的惩罚。这种惩罚在本质上遵循强者法则:行为失当意味着你处于弱势,必须承担后果。

～～～～～～

克里斯蒂安和弗兰西斯卡与他们四岁的儿子诺埃尔每天都在上演同样的剧情:孩子拒绝好好收拾玩具。晚餐前,父母要求他整理儿童房,以便睡前能保持宁静。但诺埃尔要么只收拾一小部分,要么直接宣称"做不到"。弗兰西斯卡认为这是懒惰——孩子明明清楚每件玩具的归属位置。多次警告无效后,她就把玩具装进垃圾袋扔到地下室,然而收效甚微。被每晚混乱局面激怒的克里斯蒂安要求妻子别只停留在口头威胁,而是要真的扔掉些玩具,"让孩子长记性"。但弗兰西斯卡陷入了两难:既恼怒于儿子的无动于衷,又实在不忍心扔掉玩具。她被困在失败的教育尝试与丈夫"态度强硬"的要求之间,如同行走在教育的钢丝绳上。

在晚饭前整理房间以确保就寝流程顺畅,这个初衷本身值得肯定。但"保持整洁"本质上是父母的需求,理应由父母主导完成。四岁儿童对秩序的理解与成人截然不同,整理玩具对他们而言本就是项艰巨任务——他们至少需要成人引导，才能建立合理的收纳流程，避免在收拾过程中再次被玩具吸引注意力。

要求诺埃尔像成人一样自律，既不合理也不符合孩子的发展规律。因孩子能力不足而施加惩罚更是荒谬。弗兰西斯卡已经意识到当前的教育方式没有作用，却拒绝调整策略；克里斯蒂安甚至主张采用更严厉的惩罚手段——可想而知，这只会陷入恶性循环。这对父母将他们的反应美化为"逻辑后果"，但实际上这既非特定行为导致的必然结果（如"不收拾就会保持混乱"），也没有考虑诺埃尔的实际能力。真正的逻辑后果应当是无法规避的客观联系，比如"不刷牙会增加蛀牙风险"。而现实中，家长常把毫不相干的惩罚伪装成后果，例如"不收拾玩具就不准看电视"——这不过是权力不对等下的话语伪装。对于孩子来说，此类惩罚行为既不符合逻辑也毫无意义。他们只会学会顺从，或者因为完全无法做出恰当反应而变得不安。孩子的注意力会越来越聚焦于自身行为以避免惩罚，却因此忽视了周遭环境与社会交往。这可能导致行为改变，例如诺埃尔会变得无法放松地玩耍。年龄较大的孩子则学会通过特定行为来逃避惩罚。但惩罚剥夺了孩子通过主动探索问题来培养可持续解决策略的机会，也阻碍他们形成独立的道德判断。以诺埃尔为例，更有效的方式是父母以身作则（"我来收拾，你可以帮帮忙，这样更快！"）；或者父母与孩子共同整理并示范方法："来，我们先把所有积木收进这个带积木图案的箱子里，这样房间里就有空间走路了。然后再把这些玩偶排好放进柜子……"诺埃尔由此学会了物品归类、空间管理以及建立有效的整理系统，这些能力未来可以迁移到其他情境。他学会了如何自主解决问题。而惩罚只会对自我认知和自信心产生负面影响[9]，还存在着不断升级惩罚力度的风险——随着孩子年龄增长，惩罚措施不得不从禁止看电视升级到禁足、没收电子设备，直至……对于那些对常规惩罚无动于衷的青少年，又该怎么办？当惩罚成为教育手段时，父母最迟在这个阶段就会陷入困境，需要寻求建议，这时候要重建亲子关系就困难了（但非不可能）。孩子们则会在惩罚中积累愤怒，形成"强权即公理"[10]的认知，并逐渐丧失与父母之间安全信任的联结。

许多父母在这种情况下会采用所谓的"折中方案"："你先把积木收好，剩下的我晚点来收拾。"但若细究起来，这其实并非真正的妥协，不过是父母单方面要求的变体。真正的妥协应当让孩子平等参与解决方案的制定："你觉得我们该怎么做呢？"孩子最初提出的建议或许不够完善，这时我们可以解释为什么这个方案行不通，并继续共同寻找方法——这才是实现真正协商的路径。同样不妥的做法是，趁孩子睡觉或在幼儿园／学校时，偷偷独自收拾残局来回避问题。关键就在于，我们必须直面亲子关系层面的挑战并妥善处理。孩子们应该亲眼见证并体验——家务劳动不会自动完成，更不会凭空消失。

奖励机制

那些摒弃了惩罚／逻辑后果手段，却仍希望影响孩子行为的家长，往往会转而采用看似与惩罚相反的策略——奖励，即对良好、符合期望的行为给予奖励，对其他行为不予理会。在教育实践中，惩罚经常被劝阻，但奖励却常被推崇。我们能在许多育儿指南中看到"代币制度"（奖励计划）用于行为引导：这种方法源自行为疗法，与惩罚一样基于条件反射原理，通过外部激励来塑造期望行为。尽管这种制度在某些治疗场景中可能确实有效，但对大多数没有治疗需求的家庭而言并无必要。例如，在如厕训练中，孩子若连续几天没有尿裤子就能获得贴纸；在学校里，表现良好则得到小星星。即使在这些刻意设计的奖励体系之外，奖励也常被用作引导行为的常用手段。然而，与其他行为干预方法一样，奖励同样可能存在隐患和后续问题。

~~~~~~~~~

万尼亚今年四岁半，夜间还是需要使用尿不湿。他的父母迫切希望改变这一状况，因为朋友圈里大多数同龄孩子早已戒掉了尿不湿。尤其当夜间偶尔发生漏尿时，这个问题更让父母烦心不已。听朋友提起"贴纸奖励法"的成功经验后，他们决定尝试：如果孩子整晚没有尿湿，早晨就可以在海报上贴一枚贴纸。然而实施后发现，尿不湿干爽和漏尿的情况依然毫无规律地交替出现。每当清晨得不到贴纸时，万尼亚万分沮丧，眼里总是噙着泪水。坚持数日未见成效后，父母终止了这个实验——他们明显感觉到，持续的失败让万尼亚的状态越来越糟。儿科医生在排除了器质性病因后解释道：夜间控尿能力与特定激素分泌相关，有些孩子的大脑需要更长时间发育，才能在尿意来临时被大脑唤醒。对万尼亚而言，奖励机制非但没能成为动力，反而让他陷入自我怀疑与羞耻之中。

奖励作为一种教育手段之所以有效，是因为它能带来愉悦感。但这种方法养成习惯后，也可能导致孩子产生依赖：孩子不再因为作为家庭成员参与其中并获得价值感而表现出利他行为，而是为了获取奖励。

这种对表扬的依赖常常因父母用虚假表扬替代真实关注而加剧。当幼童展示行为并渴望关注时（"爸爸你看！"），父母常敷衍地说"哦，你真棒"，而非给予真正关注和具体描述。这本质上是沟通错位——孩子需要的是关注和陪伴，而非表扬。若长期如此，孩子会形成"只有值得表扬的行为才能获得关注"的自我认知，进而不断通过"我画得好不好"等行为索取认可。最终父母会对这种自己塑造的行为感到厌烦而拒绝孩子，使孩子陷入不知道该怎么获取关注的困境之中。

当我们真诚分享孩子的喜悦或感动时，日常的表扬无可厚非。但若将表扬作为行为引导工具，它就变成了改变行为的权力手段——二者的动机存在本质差异。

"一切都是为了你！"

过去的阴影也可能以另一种方式显现，那就是当我们试图回避所有冲突时。正如前文索尼娅和本的例子所示，沉默和回撤同样可能源自我们自身的创伤。有时，我们以爱、关怀和迁就之名过度保护孩子，反而会剥夺他们体验真实关系和重要成长过程的机会。为人父母的意义，不在于替孩子扫清一切障碍、避免任何失败或冲突，而在于教会他们如何应对冲突。

如果我们替孩子规避所有挫折，那么也就绕开了只有在冲突中才能学会的相处之道。如果我们不让他们在健康的家庭环境中学习承受挫折，就等于剥夺了他们宝贵的成长机会；同时，也传递了错误的观念：爱意味着单向索取，爱等同于无限满足，而他人的需求必须为"爱"让步。当孩子从未体验过合理边界时，他们的期待会膨胀至失控。他们将无法理解冲突是人际关系的常态，更学不会如何处理冲突——我们就这样剥夺了他们成长所需的人际关系认知。

～～～～～～

丽莎和她两岁的儿子拉斐尔遇到了麻烦：拉斐尔感到不满时，就会打妈妈、扯她的头发，故意弄疼她。丽莎发现"只有大声呵斥时，孩子才会停下来"，她希望能找到更好的解决方法。

两岁孩子出现打人、咬人、吐口水等行为的情况其实相当普遍。当然，父母完全有权利维护自己的界限。更好的做法是给孩子提供替代方案，比如允许他们拍打父母的手心（如果可以接受的话）。但丽莎的问题在于，她总是试图立刻平息拉斐尔的怒气，而非接纳他的情绪并提供宣泄渠道。她通常会先微笑，温柔地说"这样不可以哦"或"拉斐尔不想伤害妈妈对吧"。当孩子喊着"就要"并继续打人时，丽莎会持续安抚，直到最终突然爆发：厉声责骂并强行制止孩子。其实更有效的方法是提前喊"停"来明确划出界限，同时允许孩子在安全范围内充分表达当前的情绪。

许多想要践行"需求导向型"教育的父母，也难以持续保持避免冲突和过度关爱的状态。于是在某些情境下，或面对特定行为时，他们往往会走向另一个极端：平日里总是温柔体贴、尊重包容，处处预防问题发生；但当压力超出承受范围时，就会突然变得酷厉。这种反复无常对孩子尤其有害，他们因无法预判父母的行为而陷入不安。这种矛盾可能仅体现在特定场景，比如：父母日常处处迁就孩子，唯独睡前会严厉命令孩子服从。父母整天如履薄冰地回避冲突、以孩子为中心，到了晚上已筋疲力尽，无法再保持友好态度了。幼儿根本无法适应这种教育风格的突变，他们既困惑又委屈，只能通过哭闹抗议来重新获取亲密感。

"一切都是为了你！"父母说出这句话，可能更多是为了治愈自己。诚然，通过孩子弥补自己童年的缺失确实能带来某种慰藉，但关键区别在于：我们应该与孩子共同体验那些遗憾，而非利用孩子来填补空缺。孩子存在的意义不是疗愈我们的心理创伤。尽管在养育过程中，我们可能会发现旧伤，但治愈的责任永远在于成年人自己——我们需要同时为现实中的孩子和内心那个受伤的小孩负责。

特别的孩子

大多数父母都深爱着自己的孩子。在多数家长眼中，自己的孩子总是独一无二的。亲密相处让我们能看见孩子身上容易被旁人容易忽略的特质：出人意料的幽默感、敏锐的洞察力、非凡的同理心。正是这些独特品质构成了多元社会，并使其更加丰富。但问题在于，当"特别"成为标签被着重强调时，孩子作为独立个体的完整性反而会被削弱，最终被塞进某个刻板分类里。

~~~~~~~~~

亲子课上，阿蒙总是比同组婴儿学得更快——更早学会翻身、匍匐和爬行。他的母亲欣喜地记录每个进步，不断鼓励他快速成长，并反复强调："他肯定是个天才。"我们无法预知阿蒙未来的发展轨迹。婴儿期的能力培养存在巨大差异：有的宝宝五个月会爬，有的则需要十个月；有些孩子早期运动发育迅猛，后期却逐渐趋于平缓。父母过早聚焦"特殊性"，可能导致孩子被片面看待，不得不背负家长的期待。当然，高智商儿童确实需要特殊培养，但这在婴儿阶段根本无法做出诊断。

"标签化思维"不仅存在于负面特质中，也体现在对"特殊性"的追求上。正如萨宾娜·赛希特博士（Dr. Sabine Seichter）所言："当今儿童的成长环境充斥着竞争导向、能力提升与完美主义的三重奏，其核心信条就是要与众不同。新型的'普通人'不再满足于平庸，而是追求特殊性。如今，'特殊儿童'反而成为'普通儿童'的共同肖像。当特殊性成为新的'常态'时，异质性反而变成了同质化！"[11] 儿童并不仅仅是拥有不同性格、特质与能力的个体，而是如杰拉尔德·许特（Gerald Hüther）某本书名所言——"每个孩子都是天才"。即便采用积极分类法，本质上仍是通过标签区分儿童——这与奖惩机制如出一辙——而非传递"不管是儿童还是成人，都应多元化"的理念。即便通过正面标签化，我们也不可能完全消除社会歧视，反而适得其反。因为任何分类都必然包含对立面。当然，总有些孩子会超出平均水平，通过专业诊断让他们获得相应支持确实必要。但除此之外，那些在私人场合随意贴的标签与评判，对多数孩子有害无益。

"必须与众不同"的重担对儿童而言难以承受。当父母以此构建对孩子的认知时，那些被强调的特殊标签就再难卸下。孩子的美好之处恰恰在于：他们本不必特殊，只需自在生长。这份"纯粹的存在"，才是童年的真谛。

反思：
诚实地审视自己的教育方式

在日常生活中，或许也能在某些地方找到这里列举的一些教育方法，这很正常。不正常的是，拒绝承认错误，坚称自己从不犯错。如果我们能客观评估自己的日常行为和思维模式，那将是件好事。请在"从不"到"严重"的刻度上标注你的情况。不要评判自己，而是将其视为一个可以（并且将会）改变的现状——因为你此刻已经意识到了这一点。

我使用：

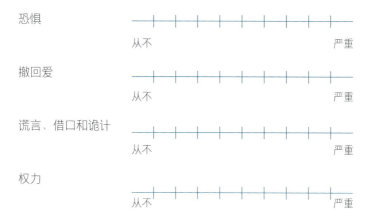

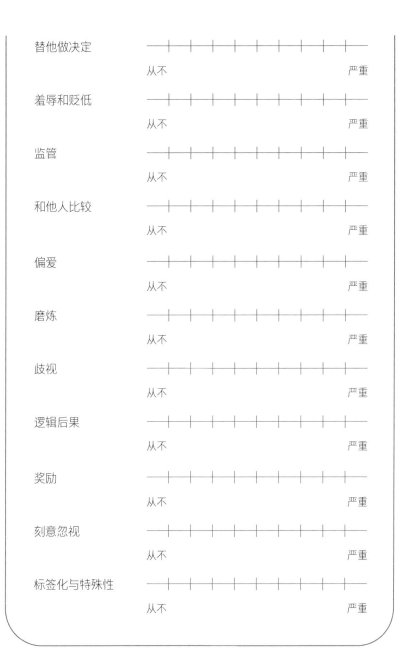

替他做决定 ——|—|—|—|—|—|—|—|——
　　　　　　从不　　　　　　　　　　　严重

羞辱和贬低 ——|—|—|—|—|—|—|—|——
　　　　　　从不　　　　　　　　　　　严重

监管 ——|—|—|—|—|—|—|—|——
　　　　　　从不　　　　　　　　　　　严重

和他人比较 ——|—|—|—|—|—|—|—|——
　　　　　　从不　　　　　　　　　　　严重

偏爱 ——|—|—|—|—|—|—|—|——
　　　　　　从不　　　　　　　　　　　严重

磨炼 ——|—|—|—|—|—|—|—|——
　　　　　　从不　　　　　　　　　　　严重

歧视 ——|—|—|—|—|—|—|—|——
　　　　　　从不　　　　　　　　　　　严重

逻辑后果 ——|—|—|—|—|—|—|—|——
　　　　　　从不　　　　　　　　　　　严重

奖励 ——|—|—|—|—|—|—|—|——
　　　　　　从不　　　　　　　　　　　严重

刻意忽视 ——|—|—|—|—|—|—|—|——
　　　　　　从不　　　　　　　　　　　严重

标签化与特殊性 ——|—|—|—|—|—|—|—|——
　　　　　　从不　　　　　　　　　　　严重

父母的责任

"促进心理健康发展的关键，并非在于避免伤害，而在于修复创伤。"

——肯特·霍夫曼/格伦·库珀/伯特·鲍威尔[1]

看完前三章的内容，你可能会想："天啊，我全都做错了！"——这既对，也不对。确实，我们在日常生活中仍会不断犯错，尽管"错误"这个词并不准确，毕竟很多事情都是无意识发生的。直到某天人们突然意识到，那些看似"正常"的教育方式，其实远非自己想象的那般正确。而正是在这个觉醒时刻，你的生活悄然发生了变化。凭借前几章的阅读，你的视野拓展了：你开始看清几个世纪以来社会传承的痼疾，也发现自己在哪些情况下正延续着这种重负。或许某些片段会刺痛你的记忆——比如那些童年时听到的阴郁摇篮曲、恐怖故事，让你突然意识到这些经历并不妥当，而过去你从未加以反思。也许你已经开始觉察日常生活中的问题出在哪儿：不仅在家庭内部，更在环绕你们的社会结构中。于是，你的目光逐渐敏锐，你看到了儿童如何在城市规划和交通设计中遭受结构性歧视，而托儿所和学校里那些称不上"非暴力"的教育细节也愈发醒目。就像被擦去雾气的玻璃，曾经模糊的认知逐渐变得清晰可见。

我特意写下"我们在日常生活中仍会不断犯错"，因为我自己也不例外。尽管上大学时曾修读过教育学、社会学和心理学，尽管十余年来深耕依恋理论与儿童权利领域，但我依然只是个背负着个人经历与社会历史烙印的普通人。有些情况我能立即察觉自己做错了，有些也需要事后反思才能明白问题所在。或许未来我的孩子也会指出我的某些不当之处——这其实是无数父母的真实写照：渴望改变，却难免失败。有人跌倒得多些，有人少些，而这取决于我们背负的行囊有多重，以及是在陡坡攀爬还是缓坡下行。这些个人负担深刻地影响着父母践行非暴力教育的能力：有些包袱容易卸下，有些则难以摆脱。本书这一章正是要探讨如何化解这些重负，并回答一个根本问题：如果摒弃所有传统的教育方式，那么我们究竟该如何陪伴孩子成长？这真的可能实现吗？有时它看起来就像遥不可及的乌托邦。或者说，当我们无法借助熟悉的手段时，还剩下什么选择？这恐怕正是大多数父母意识到传统教育方式存在问题时所怀有的深层恐惧——仿佛突然被抽走了所有支撑。

答案其实并不难：当人们决意摒弃传统教育方式时，便是在为一切教育行为重建"关系"的基石——而这确实行之有效。不过在探讨这种可能性之前，让我们首先卸下阅读前几章后心中积压的重负，即"我全都做错了"的自我拷问。

重新建立容错文化

首先问答这个沉重的问题：不，家长并非全部都做错了，但是在教育过程中难免会以这样或那样的方式犯错误。值得庆幸的是，尽管儿童心理健康成长至关重要且需要细心呵护，但孩子们同时也具备惊人的韧性——他们的承受力往往超乎父母想象。为人父母并不需要做到完美无缺。研究也证明，错误不仅是人之常情，在某种程度上甚至具有积极意义。对此必须注意到，每个人的承受能力不同，某件事可能伤害到一些人，却伤害不了另一些。

复原力取决于个人的特征和环境因素，且随时间推移而变化。复原力不是一个人要么有，要么就没有的东西，而是动态发展的能力。因此，重要的是尽可能多地去克服潜在的问题，在可能的情况下。当家庭暴力现象逐渐减少时，整个社会都将因此受益；反之，若继续纵容甚至助长暴力行为，必然会产生深远的负面影响。

作为父母，我们需要看清：从何处着手改变，从何处迈出第一步。在这个过程中，请以温柔、尊重和宽容的态度对待自己。因为改变行为之前，首先要转变对"为人父母"的认知：建立新的容错文化，涵盖所有育儿者。纵观儿童生存境遇的历史沿革，要求父母完全杜绝暴力、绝对遵循依恋需求和儿童本位，根本是不现实的幻想。正是对这种现实的缄默，对所谓错误的苛责，对自身弱点的讳莫如深，将父母们不断逼向家庭私域的孤岛。当某位家长在社交群抱怨"孩子哭闹时我简直难以控制怒火"，可能会立刻招致"你当初就不该生孩子"或"你的孩子更适合寄养家庭"之类的攻击。此类反应只会加重养育者的心理负荷，提高求助门槛。而在公共场合，我们又何尝不曾为平息孩子的哭闹而购买本不想买的零食。那些旁观者谴责的目光，往往比育儿原则更具压迫感。

~~~~~~~~~~

　　四个月大的婴儿金总是哭闹不休，这在他出生后两周就开始了，给父母带来了巨大考验。对于艰难的分娩、并不顺利的妊娠，加上因父亲去世和遗产纠纷所承受的压力，使得金的妈妈内疚地认为，正是这些导致了金的哭闹（某篇文章如是说）。于是，她和金的爸爸一起，试图用加倍的关爱来弥补。她无法接受自己"刚开局就失败"，让孩子的生命开端如此艰难。她几乎不敢见人：既因孩子的哭闹难堪，更因将一切归咎于自己所带来的负罪感。长久以来，她只能硬撑，等待情况自然好转。直到某次去医院，儿科医生注意到她的憔悴并询问孩子的哭闹情况，才带来了转机。医生最终发现金患有会引发疼痛的胃食管反流。对孕期压力的负罪感与自行拼凑的错误信息，让这对父母迟迟未能查明孩子哭闹的真正原因。

　　即使问题出在孩子身上，对"儿童不当行为"的零容忍态度，也会阻碍父母求助。当然，孩子确实会养成某些不良行为习惯，尤其年龄稍大之后。无论这些行为是源于父母还是同龄朋友，单是问题行为的存在就足以让家长感到羞耻和失败——这种感受同样会抑制求助意愿。

　　我们必须意识到：每次对其他父母的指责，都在助长暴力的延续。谁若是今天因不懂辅食／尿布／睡眠方案就被指责，那么明天就更不敢询问如何避免体罚，或向朋友坦白打骂孩子的事实并寻求帮助。我们亟需建立更宽容的容错文化，让重新开始成为可能。毕竟每个人都会犯错——有些伤害会消弭在充满爱的日常生活里，有些需要真诚的道歉，还有些则需要不带评判的援助之手。

错误与不确定，
都是常态

育儿史总在塑造一种假象：父母理应全知全能，不应犯错。但事实上，无论过去还是现在，这都是不可能的。过去靠铁腕确立权威，"父母"身份本身就是孩子服从的理由；而现在，父母不再因身份而自信，转而寻求育儿指南的背书，或是依赖"感觉正确"的直觉。家长深知自己的局限与易错，却将这份自知都视为缺陷——殊不知，这种不确定恰恰是进步的标志：它证明人们在思考，在反思。为人父母者本不必对每个问题都给出标准答案，不必永远正确。但我们将这份清醒视为惶恐，将存疑看作失败。其实明白"犯错乃常态"，反而能卸下"必须完美"的重担。

没有即时回应并非缺陷。我们不必立刻做出反应，不必马上通晓一切。面对不确定时，完全可以先思考、查证，再行动。这种经过沉淀的应对方案，会赋予我们自信与力量，支撑下一次抉择。而孩子也会从我们的不完美中学到：错误无需掩饰或压制，而是反思与尝试新可能的契机——简言之，他们学会了灵活与创造。

从依恋理论来看，父母也无需完美。重要的是，在大多数时间里，让孩子感受到被爱、被尊重，确信父母作为其信赖的依靠会始终守护他们。这无法用任何单位来度量——因为依恋不是竞赛，不是绩效。我们不必纠结每日完成"任务清单"，只需关注孩子是否感到安心与被理解。

反思：
不要害怕犯错！

　　承认并直面错误并非易事——尤其当我们背负着过往的重负，自我价值感偏低，或是内化了"强者为尊"的观念而不愿示弱时。倘若我们从未学会妥善处理冲突，缺乏真诚沟通的能力，那么一句发自内心的"对不起"，无论是说出口还是默念于心，都会变得格外艰难。

　　若你在应对错误时也感到困扰，不妨借此机会写下：你为何不敢承认错误？我们的目标固然是避免错误再犯，但在此之前，关键是要接受我们会犯错的事实，探寻犯错以及面对错误如此艰难的原因。

不必立刻回应！

关于权力、权威与暴力的经验会让人下意识地认为：身为父母就该知道所有答案。而我们对孩子的印象也表明：必须在冲突或问题出现时立即做出正确反应——马上干预，绝不给"小霸王"可乘之机！要趁热打铁！这种思维制造着焦虑，因为谁也不能即刻就知道该怎么做，仓促反应反而可能触发错误的应对模式，压力会让我们下手得比本意更重。当觉得孩子触犯了我们尊严时，受伤的自尊心同样会导致如此结果。可为什么人们总认为必须做点什么呢？试想：对孩子发火前先试着深呼吸一下；与青少年争执时平静地说一句"我需要思考一下"。事实上——除了危险情况——根本无需立即采取行动。给自己一点时间，这在神经科学上也站得住脚——神经学家吉尔·泰勒（Jill Bolte Taylor）指出，情绪系统被触发后，大约需 90 秒让化学反应流过全身，之后我们才能理性应对；若 90 秒后仍感愤怒，那就与激素波动无关。[2]

孩子不会因父母先深呼吸一下就变成暴君，暂停片刻也不会引发行为问题。相反，如果父母不强迫自己立即行动，那么孩子也就不会立即对抗。我们有权给自己时间，然后在下一时刻再做出清醒的回应。对于大孩子，则可以说："好了，我考虑过了，现在我们来谈谈。"

孩子学习的方式

惩罚

会导致
→ 顺应他人
→ 逃避
→ 说谎
→ 隐瞒

动力
榜样

快乐

创造力

此外，孩子的许多行为表现、态度和举动，往往不会因为一次具体的干预就改变。不要寄希望于通过争吵来强迫孩子顺从：没有一个幼儿会因为挨骂就停止在地上打滚发脾气，也没有哪个青少年会因为一次禁足就养成整理房间的习惯。改变需要时间，不可能一蹴而就，需要滴水穿石。无法立即解决问题，并不代表父母的失败。

**反思：
让自己平静下来**

　　"不必立刻回应"——说来容易做来难。根据性格特点和触发因素的不同，这对我们来说可能是相当大的挑战。但光是知道不必立刻回应，就已经有所帮助。问题往往在于：如何在具体情境中先让怒火平息？

　　为自己准备一个应急方案：在纸上用笔描画出手的轮廓，在其掌心处写上"冷静"二字；每个手指处可以写下对你个人特别有效的平静技巧。每个人各不相同，所以没有放之四海皆准的方法。什么能帮助你？是去喝杯水，深呼吸，干脆在地上坐一会儿，还是闭上眼睛，想象把情绪旋钮从"激动"转到"平静"？

道歉的艺术

错误无法轻易抹去，就像许多童年经历无法用温言软语或一句道歉消除一样。但道歉在多数情况下对双方都至关重要。道歉是人际关系中责任的一部分——海姆·奥默（Haim Omer）和阿里斯特·冯·希佩（Arist von Schippe）在《力量和权力》（*Stärke statt Macht*）中所言："父母承认并修正错误的意愿，能显著改善家庭氛围，深化亲子关系。"[3]错误是人性的一部分，真诚道歉亦然。当然，我们不应将道歉用作事后开脱的借口。若想着"现在吼孩子没关系，反正之后可以道歉"，就背离了在家庭中建立道歉文化的初衷。这样的道歉只会沦为空洞的形式，就像我们强迫孩子说出的违心道歉。真正的道歉需要让孩子通过我们的言语、神态感受到，我们确实反思并觉得自己错了。这为谈论感受创造了空间，让孩子有机会表达并最终获得理解。在这个过程中，我们要给孩子时间，解释自己，更重要的是倾听孩子的伤痛。我们无权要求孩子接受道歉，或命令孩子"不许再生气"。孩子有权决定受伤的程度和持续的时间。当我们反复为错误道歉时，孩子会明白：人可以兼具有多面性。这正是培养"模糊容忍度"的过程，最终他们将学会接纳人善恶并存的事实。[4]

若孩子长期处于遭受暴力压迫的不良成长环境，那么道歉远远不够。童年敏感期的大脑突触重构会使心理发展特别易受环境影响，压力应对系统的基础设定正在此时形成。早期承受过多压力的孩子，可能会形成持续性的压力处理障碍。并非所有负面影响都能后期弥补，随着孩子脱离主要抚养人的影响范围，修复会愈发困难，有时甚至需要专业治疗介入。[5]

发现自己重复犯错却无力改变的家长，也需要心理治疗来摆脱内化的旧模式——越早越好。正如前文强调：这无需羞耻。通过反思和处理自身童年创伤，完全有可能重建安全的内在依恋模式。[6]

父母也有边界

每个人都有边界。它们源于我们的需求和能力，是自然而然产生的。在日常生活中，孩子们会触碰到各种各样的界限。"我没钱给你买这个"和"我今天太累了，不能陪你去游乐场了"都属于自然界限。拥有这些界限并明确表达出来，这当然是没问题的。划清界限并非暴力。但如果我们设定界限只是出于"必须这样教育孩子"的念头，而非真实的界限需求，那就走入了误区——这时我们是在用权力压制孩子的意志，逃避了真正帮助孩子适应世界、学会处理冲突的责任。当然，孩子需要体验人类、事物和社会系统的界限。这很重要，我们不仅要允许，更应该主动让孩子明白这点。此时我们可以，也应当态度坚决："这是我的底线！"当孩子扯你头发扯得生疼时，我们不必强颜欢笑，完全可以要求他立刻放手。许多父母在这方面都有着来自童年的阴影——如果一个人从小不被允许设立和维护自己的边界，那么成年后就只会用讨好甚至卑微的语气请求别人尊重自己。其实不必如此，你完全有权利捍卫自己的边界。因为你值得被尊重，明确立场是你的正当权利。

反思：
自主说"不"的勇气

对于很多想打破传统教育模式的父母来说，说"不"并不容易。但"不"其实弥足珍贵——无论是对于孩子，还是对于自己。正是"不"的可能性，才让"是"真正有了意义。你的拒绝是正确的，也是合理的。

请列出三个你过去难以开口、但未来想要坚定说"不"的情景：

1. _____

2. _____

3. _____

父母拥有更多权力

如果自问是否在行使权力或暴力时，那么本书的大多数读者可能都会首先予以否认。这也是因为人们在困境中常常觉得无助。但事实上，父母确实处于更具权力的地位上，比如通过规律用餐时间制定了日程，掌握金钱等资源的支配权，拥有更丰富的社会规则经验可供传承。这些对孩子们来说至关重要，因为他们需要父母的保护。前文提及的"安全圈理论"强调父母应当"更强大、更智慧、更坚毅、更仁慈"，正是孩子们需要的稳定可靠的依恋对象。而能否真正做到智慧与仁慈，很大程度上取决于父母对待权力的态度：如何运用这份权力？

许多人潜意识中认为，和平共处、尊重包容与坚定有力的权威形象是相互排斥的。但事实并非如此，我们完全可以如"安全圈"所言成为"更强大、更智慧、更坚毅、更仁慈"的存在，或如海姆·奥默所说的"新权威"——在不滥用权力的前提下与孩子和平相处。

恰恰是在感到无能为力的时刻，人们最容易滥用权力，将自身的观念、需求和愿望凌驾于孩子之上。我们常因成年人的经验优势而默认自己的判断更正确，这种思维模式主导着我们的行为。更值得注意的是，孩子们也会逐渐内化这种认知，认为父母更清楚什么对他们来说更好。

〜〜〜〜〜〜

　　阿丽娜在长女进入青春期之际再度怀孕，并诞下次女卡米拉。起初她沿用相似的方式来教育小女儿，后来通过网络接触到"需求导向养育"和"非暴力教育"的理念。经过数月观望犹豫，她决定尝试这些听起来很合理的新方法。此时，四岁的卡米拉已显露出强烈的主见，母女常在饮食、睡眠和游戏方面发生冲突。但当阿丽娜开始给予小女儿更多自主权时，情况却不如预期：卡米拉既不愿自己盛饭（此前常因盛多而剩饭引发矛盾），自主入睡也困难重重。阿丽娜怀疑这套理念不适用她们，实则这是因为卡米拉经年累月已内化了"成年人更懂得如何安排生活"的认知，面对突然的转变反而无所适从。

　　对于曾采取传统教育方式的家庭，要转向尊重儿童需求与个性的过程必然是不容易的，无论是对于父母还是孩子。指望"从今天开始以需求为导向"的突变并不现实，因为孩子往往需要重新学习如何感知自我需求。这种现象在转学儿童身上十分常见：当从传统授课制学校转入提倡自主学习的自由学校时，孩子们需要适应期来接纳新规则。疫情期间的居家学习也印证了这一点——许多家长发现孩子突然失去了学习动力，因为原有的师生关系与校园结构都消失了。有些家长将此视为权威问题并展开权力斗争，实则这只是孩子面对骤变的正常反应，要求孩子无缝衔接家庭学习本就不切实际。

　　要想完全消除亲子之间的权力落差并不现实。若父母逃避责任，完全让孩子主导或事事平等协商，反而可能给孩子带来与年龄不符的压力。

〰〰〰〰

多莲经历过艰难的童年，因此决心用完全不同的方式来养育如今已经三岁的女儿艾尔莎。她立志践行"非暴力教育"，时刻关注艾尔莎的需求，打造以孩子需求为导向的日常生活。然而在现实中，冲突却不断涌现。艾尔莎常常表现得兴致索然或反复无常：幼儿园放学后，多莲若问她"想做什么"，其回答多半含糊其词；等到了游乐场，她又突然想去别处。饮食方面更让多莲纠结：既想尊重女儿意愿，又不愿浪费食物——艾尔莎经常拒绝已经做好的饭菜，要求吃别的，因此多莲有时晚餐甚至要准备三种餐食。多莲深感挫败，偶尔在家的丈夫菲利普也认为不能再这样继续下去了。

这位母亲一开始尚未意识到，自己为打破童年阴影而走向了另一个极端——给予孩子过多选择权，反而让艾尔莎失去了安全感。三岁幼儿确实需要参与决策，但应在一定范围之内——比如晚餐可以选择面包配料，或只吃配菜不吃主食，但不必因孩子临时变卦就给她重煮意面。

儿童需要成年人提供保护与照料，这是依恋理论的基石。但问题关键在于如何运用这种权力优势——我们不必借助强制手段，而应建立非暴力的天然权威。当"家长意愿"与"孩子需求"冲突时，父母的目标不应是凭借权力地位取胜，而应寻求相互理解与创造性的解决方案。这正是"更强大、更智慧、更坚毅、更仁慈"教养理念的真谛。

用六个方法
来做平和的父母

我们完全可以在不遗忘或触碰自我边界的前提下，实现非暴力且平和的养育方式。事实上，坚定自主地维护个人与社会的界限，正是与孩子无暴力共处的必要条件，正如康德（Immanuel Kants）所言——"个人自由的边界就是他人的自由"，这些界限能为孩子提供健康成长的发展框架。当孩子触及这些界限时，我们无需通过惩罚压制来迫使其接受，而是可以通过共情来让他们理解边界的意义。在日常生活中，可以借助六个方法来实现这一点。

◇ 认知自身问题情境 ◇

压力会助长负面的教育方式。处于压力状态的人，会更容易吼叫，忽视他人的需求。因此，我们需要识别个人压力源：哪些情境会让我紧张？压力成因是什么？如何通过优化事务安排、任务分配或接受帮助来规避压力情境？

此外，还需了解属于你自己的"鲨鱼音乐"。这个概念源自"安全圈理论"，形象描绘了内心不时涌现的焦虑：就像同一段电影画面配普通音乐与《大白鲨》惊悚音效会产生截然不同的观感。在育儿过程中，我们需要觉察大脑何时会播放这种"鲨鱼音乐"，使得父母将普通情境误判为以下情况：对孩子存在危险（"别爬高，会摔伤"），对亲子关系不利（"亲密接触让我疲惫"），或针对自身具有威胁（"孩子肯定是故意跟我作对"）。每个人的问题情境都源于自身的独特经历，建议通过育儿日记追踪反复出现的困难场景。

◇ 转变自身思维与情绪 ◇

我们常常误以为能通过教育行为直接改变孩子的思维：父母只要说教或行动，孩子就会立刻醒悟并做出改变。这显然是不可能的。学龄儿童在一些情况下可能会被说服；但对于处于自主意识萌发期或更年幼的孩子，这就不太行得通了。因此，我们必须为自己负责：通过调整对孩子的认知（参见下章）来转变思维。一旦了解了情绪触发机制后，就能有效管理愤怒、失望、焦虑或无力感等情绪波动。

◇ 以成年人的身份改变亲子关系 ◇

作为亲子关系中的成年人，你有责任构建基于尊重与安全的亲子关系。若你曾使用施压或暴力手段教育孩子，现在仍有能力做出改变——在家庭共同成长的任一阶段，你都可以扭转方向，重塑关系。某些伤痕或许难以完全修复，但你能避免出现新的伤口，并尝试治愈旧的创伤。

◇ 善于运用语言的力量 ◇

孩子的感受不仅受父母行为的影响，更与父母的言语息息相关。因为对孩子说的话本身就是一种行为，可能是一个命令、一次羞辱或一种施压。父母与孩子沟通的方式，深刻塑造着孩子的自我认知与情绪体验。尤其在冲突情境中，沟通方式至关重要。马歇尔·卢森堡（Marshall Rosenberg）[7]的非暴力沟通能提供有效指导：观察（不带评判，客观地描述事实），表达自身感受，识别深层需求，提出明确请求。请注意，非暴力沟通不是话术模板，而是内在态度的外化。若未真正接纳非暴力理念，那么机械套用话术就毫无意义。沟通的核心是共情与自省——发生冲突时先暂停评判，觉察情绪触发点，进而理解彼此需求，如此方能找到建设性解决方案。

◇ 学会调整养育仪式 ◇

许多父母深信纪律、严格与规律的重要性。固然，日常仪式（如固定穿衣流程、刷牙时播放音乐）能提供稳定感，但灵活性同样重要，因为孩子的需求随时间改变，甚至每周不同——今日有效的方法，明天可能就会失效。因此，尝试新仪式并非"不坚定"，而是根据家庭动态情况进行的适应性调整。真正成熟的养育者，恰恰是能敏锐观察需求并灵活应对的人。

◇ 学会接纳孩子的反抗 ◇

也许最具挑战性的观点是：孩子的反抗是好的。当他们表达需求、争取自主时，恰恰是在践行人格发展的本能。不同性情的孩子，反抗方式各异，但这并非父母教育的"失败"，而是孩子成长过程中正常且必要的表现。不光允许，我们更应鼓励孩子合理抗争，尤其与年龄大一些的孩子开展有意识的辩论。在家庭会议和日常对话中，可以赋予孩子话语权。坦然接受孩子的反对意见，告诉他："如果你不认同我的做法，请告诉我。"甚至主动鼓励孩子要敢于质疑权威。这种方式，能培养孩子的思辨能力，让他们在家庭中体验建设性的话语权，为未来独立人格奠定基础。

这还算得上是教育吗？

正如前文所述，有许多教育流派和教育者从根本上反对"教育"这一概念，认为用教育来塑造儿童生活是错误的。本书同样指出，若因孩子年幼而歧视他们，利用成人权威压制或改造他们，这对孩子的成长都是有害的。我们一再强调，应当聚焦关系而非教育——这种不以驯化为目标，而是建立在认可、体谅与尊重基础上的共处理念，确实美好，也应成为教育的目标所在。

然而，若认为能在一夕之间抛弃教育、"不教而养"，这无异于乌托邦幻想。因为我们生活在一个历史遗留问题重重的社会：无处不在的歧视、对自然与健康的漠视……若完全放弃教育，必将陷入两难境地。比如：当幼儿想要一个违背我们价值观的玩具时，当孩子因幼儿园同伴都在喝而吵着要某种饮料时，当青少年想加入我们坚决反对的某个团体时，成人价值观与儿童愿望必然发生冲突。最后"成人主义"往往会占据上风，我们理所当然地认为自己的判断更正确。

限制过度消费、反对孩子加入团体等决定或许合理，但本质上仍是利用家长权力做出的单方面抉择。"格蕾塔一代"（即环保活动家格蕾塔·通贝里所代表的年轻一代）有时比我们预想的更清醒。对于大一点的孩子，通过讨论或许能说服，但并非在所有事上都能达成共识。难道为了满足孩子愿望，就该放任环境破坏或其他歧视吗？显然不能。因此，我们尚不能脱离教育——当前社会的结构性失衡，恰恰需要某些教育行为来矫正方向，从而真正通往自由。

通过当下的行动，我们可以改变世界，修补社会缺陷，让未来的父母不再需要对抗那么多的不公。每个人都能从自身痛点着手，推动社会整体进步。或许终有一日，传统意义上的教育不再必要，人类能完全专注于和平共处。但现阶段，我们仍需在某些时刻坚持教育——比如当孩子说出"这太弱智了"或"傻瓜"等歧视性言语时，必须明确制止。不过，我们可以朝着"自由教育"的方向逐步迈进：通过自我反思，接纳孩子原本的样子。

反思：
我们的价值观

　　可以肯定，在家庭中，关系优先于教育，我们追求一种彼此尊重、和平共处的生活。为了时刻提醒自己这一点，最好将共同的价值观明确表达并记录下来。这些价值观可以写在纸上，装进相框挂在墙上。对于年龄较大的孩子（从学龄前开始），可以通过"家庭会议"共同制定这类价值观的定义，并定期进行调整或修订。在会议中，全家人可以一起讨论共同生活中什么对彼此最重要。如此一来，和谐的共同生活不仅会以书面的形式确定下来，更会被积极践行。关于价值观的定义，可以参考"反思：时间之旅"任务下的文字。

Chapter 5

孩子真实的样子以及他们的需求

"虽然我不是个'省心'的孩子，但母亲仍竭尽所能地支持并鼓励我。或许她偶尔也希望我能表现得不同，但她从未试图改变我，而是始终如一地支持那些构成我本真、契合我天性的事物。"

——洛尔·玛丽亚·佩舍尔-古特蔡特
（Lore Maria Peschel-Gutzeit）[1]

如果必须不断扭曲自我来适应环境，如果永远无法认识到"真实的自己"值得被爱，如果总是试图成为别人期待的模样，那么我们的身心健康终将被摧毁。当行动永远以他人意志为转移时，人们既无法建立完整的自我认知，也难以真正理解自身的能力与需求。这种洞见并不新鲜——英国心理学家唐纳德·温尼科特（Donald Winnicott）（正是提出"足够好的母亲"理论的那位）早已发现，多数成年人的心理问题根源在于从未被允许做真实的自己。[2]

如今为人父母者当中，仍有无数人深陷这种困境。是时候停止扭曲人性了——我们应当学会将每个人视为独立而完整的存在。更重要的是，必须认识到幼儿期强烈的自我探索欲望不仅是儿童发展的关键环节，更是完全正常的成长历程。要求幼童服从与适应，实则是对其自然成长的粗暴干涉。发展心理学家让·皮亚杰（Jean Piaget）早已论证过这种自我中心期的天然合理性。要在社会层面上确立这种认知，意味着彻底颠覆传统教养逻辑：许多家长认为早期就该培养孩子的适应能力以防其变得任性，事实却恰恰相反——生命最初几年本该是孩子（与父母共同）探索"我是谁"的珍贵时光，这种自我认知将支撑他们未来以完整人格融入社会。知道自己是谁，想要什么和不想要什么，这份笃定感能护航整个成长期。虽然某些特质会随时间推移而变化，但这份"被全然接纳的自我认同"的根基，将成为孩子终生的精神支柱。温尼科特指出：童年能自在做自己的孩子，成年后鲜少会陷入"错过人生"的焦虑之中；而那些过早学会妥协的孩子，终将以更激烈的方式补偿被压抑的自我。心理问题表现各异，大体可分为内化问题（自我冲突）与外化问题（人际冲突），两者都将成为未来生活的重负。

坊间流传的"平稳度过幼儿叛逆期就能轻松应对青春期"的说法确有些许道理，但需要修正的是，青少年反抗的从来不是父母本身，而是强权，他们渴望做真实的自我。若在他们生命初期就给予这种自由，就相当于为亲子关系投资。这并不意味着双方不会有其他摩擦（关于作息、着装等外在规范的争论永远存在），但最核心的自我认同问题将不再成为战场——否则这场战争会耗尽所有参与者的幸福能量。

过去数十年间，社会通过暴力手段将儿童塑造成温顺模样；而当代家庭虽摒弃了身体暴力，却转向更隐蔽的精神塑造：家长以"为你好"之名，用稳定的依恋关系、精英教育、个性化培养等新标准继续扭曲孩子。通过各类评估量表，不断矫正所谓"发展偏差"，这种看似温和的干预本质上仍是扭曲。

是时候停止拽着孩子前进了，父母们应当走在他们身侧，成为孩子人生旅途的同行者。这并非放任自流，而是意味着陪伴孩子：在走到崎岖处时提醒风险，在畏缩时给予鼓励，在恐惧时提供倚靠。面对人生岔路，我们不做独裁者，而是充当智囊团——带着自己的知识和经验与孩子平等探讨，共同选择真正适合他们的道路。有时需要俯身倾听，有时则要将他们托举到平等对话的高度。不扭曲孩子本性绝非放任不管，而是要让家长的支持方式适配孩子的个体特质。不必强迫腼腆的孩子与所有人握手，但可以教他们用适合自己的方式表达友善。正如对网络流行语"要做长袜子皮皮，不要当安妮卡"的反驳——既不做皮皮也不当安妮卡，你只需要成为你自己。每个孩子在被塑造之前，就已然是完整的存在。

践行这种教养方式需要勇气——父母必须放下自己的预设与规划，真正以孩子福祉为中心。利用依恋天性来操控孩子实在太过容易，因为他们天生渴望取悦我们。是的，孩子们会为获得父母的爱而改变自己，哪怕代价沉重。但这种妥协终将反噬，使家庭生活陷入疲惫的拉锯战。转变思维模式初期确实耗费精力，但一旦建立新范式，后续养育会越来越省力——不必再持续改造，无需对抗孩子的本性。这个问题值得每位父母深思：你宁愿前期投入精力学习尊重，换来后期的从容，还是贪图幼儿期的驯服便利，最终在青春期付出更大代价？

前者无疑是更节省能量且能带来幸福的路径。这要求我们建立一种特殊的信任：不仅相信孩子此刻的样子已经足够好，更要相信他们能以真实自我开创未来。于是，必须将视线从所谓的错误和缺陷上移开，努力去发现每个独特灵魂的光芒——不同的气质类型、兴趣爱好、学习方式都孕育着独特优势。当我们真正理解了人类多样性的价值时，这种信任便会自然生长。所以，请看清你的孩子是谁，发现他的天赋所在，思考如何守护这些闪光点。

天生不同：
基因、行为与气质的关联

如果翻阅育儿指南时，会发现一个显著现象——千差万别的儿童总被简化为"标准化的孩子"。仿佛不同的遗传基因、社会环境最终会造就完全相同的小人儿，能用统一方式对待。但事实上，每个孩子从出生起就带着独特印记，正因如此，他们需要的陪伴方式也截然不同。

～～～～～

朱莉娅有两个孩子，四岁的莫格利和一岁半的米拉。莫格利从出生开始就是个天使宝宝——性情平和、极易满足，婴儿期几乎从不哭闹，之后也鲜少发脾气。即便受伤，只需一个拥抱、几句安慰就能平静下来。而当米拉出生后，这个家庭的平静彻底倾覆：米拉整日哭闹，难以安抚。朱莉娅的另一半不得不缩减工作时间来顾家，经济压力与情绪负担双重袭来。朱莉娅因无法安抚婴儿而陷入深度的自我怀疑，甚至出现抑郁倾向。九个月后情况稍缓，但米拉仍然很容易受刺激，需要家人持续协助调节情绪。这对父母尝试了所有方法：摇篮疗法、过敏筛查、饮食调整、哭声免疫法……最终才明白，米拉的表现并非养育失误所致，而是与生就比哥哥需要更多的调节与抚慰。这个认知配合心理治疗，帮助朱莉娅重建了育儿信心。如今一岁半的米拉依然比哥哥更敏感、更爱吵闹，但家长已学会接纳她的本性，不再将孩子的表现归因于自己。

个体的差异在出生前就已形成，不同的基因及其变体的表达会影响人格特质——正如神经生物学家兼心理学家妮可·斯特吕贝尔（Nicole Strüber）所阐述的。[3] 在出生前，基因与特定环境经验的交互作用就已决定人格的塑造方向。以影响奖励系统和风险行为的神经递质多巴胺为例：决定多巴胺受体类型的基因存在不同变体，这些变体会调节多巴胺的活性。携带某种特定基因变体的人群（占20%）会表现出更强的攻击性，由于儿童气质类型可能影响依恋关系的建立，这些孩子与母亲[4]的依恋关系遇到问题的可能性也会更高。

一个不仅对他人、也对父母表现出攻击性的孩子，会带来特殊的挑战——我们很容易感到被冒犯，作为父母的自我价值感也会受到贬损。如果我们自身还曾经历过消极的教育方式，那么面对攻击型孩子带来的压力时，就会更快地重蹈覆辙。如此一来，亲子关系会变得越来越负面，消极行为的恶性循环便由此开始。实际上，这类气质类型的孩子更需要细腻的关心和照顾。因为他们面对压力更为敏感，由自身气质引发的负面互动，可能会增加其患心理疾病的风险。携带这种基因变体的孩子需要特别细致的引导，以此降低压力水平。若能获得这种陪伴，他们的攻击性反而会显著低于其他基因变体的孩子。但这绝非易事，尤其当我们固守"攻击性是教育失败的结果，或是孩子在进行权力博弈"这类观念时。与这些想法保持距离，便是应对的第一步。借助前文提出的"六个方法"，我们就能找到与带攻击性孩子相处的有效方法。

这种精细养育的需求不仅限于父母。在托管机构中，携带该基因变体的儿童通常会比其他孩子表现得更加冲动和注意力不集中。这说明儿童对家庭之外照料的适应度存在天然差异——托管时长、教育风格、日常规范等因素，对不同气质孩子的影响程度可能天差地别。

根据斯特吕贝尔的研究，多巴胺受体的基因差异，造就了孩子们截然不同的行为模式——有些孩子会反复聆听同一个童话故事，另一些则永远渴求新鲜冒险。这种追求刺激的基因变体恰恰是双刃剑：它既可能表现为攻击性，也可能孕育出开拓创新的天才。遗憾的是，尽管这些特质弥足珍贵，却与当今社会的僵化结构格格不入。此时，人们又陷入非此即彼的认知困境：时而推崇"强势的孩子才能生存"，时而迷信"唯有温顺方能带来和谐"。殊不知，正是这种特质的动态平衡推动着文明进程。养育的真谛，在于帮助每个孩子在其气质坐标中找到舒适区，既不压制冒险精神，也不放纵攻击行为。

如果发现孩子具有攻击倾向时，我们需要提供双重支持：既要给予充分理解与亲密陪伴，又要为其冒险本能保留空间。选择幼儿园时，可以寻找能包容这种特质的机构。这类孩子比常人更需要"强有力的根基"与"自由的翅膀"——在强调纪律的集体环境中，他们往往被罚坐或贴上问题标签。家长若试图解释孩子的行为，常会被斥为"直升机父母"[①]。当然，也有些家长会为孩子扫清一切障

---

① "直升机父母"（Helikoptereltern）是一个源自德语的心理学和教育学术语，用来形容过度介入子女生活、像直升机一样盘旋在孩子头顶时刻监控的父母。——编注

碍，甚至将因缺乏关爱或教育失误导致的攻击行为美化为"天性使然"。无论成因如何，攻击性都是孩子发出的求助信号，需要的是关注和引导，而非压制、羞辱和暴力。

其他神经递质的情况和多巴胺的差不多。血清素代谢中的一种转运蛋白基因同样存在不同变体，这些变体会影响个体的克制力与被动性，并抑制冲动性攻击行为。携带此特定基因变体的人群通常对压力更为敏感，在应激状态下更容易出现抑郁倾向——正因如此，外界环境及与孩子的互动方式在此同样显得至关重要。

在这个崇尚效率的社会中，爱做梦的孩子常常举步维艰。当"要更快、更高效、少做白日梦"的要求扑面而来时，他们总觉得自己一无是处、格格不入。若再叠加"爱做梦的孩子必然成绩不太好"的偏见，这种压力就会演变成父母与孩子都无法承受的重负。毕竟孩子终究是孩子，一句"少做点白日梦了"对他们而言，无异于要求成年人停止呼吸。爱做梦本就是孩子天性的一部分。父母可以施压强行使其改变，但这样的孩子永远不会快乐。更重要的是，要接纳他们的天性，并帮助其找到适应社会的方式：可以教他们把大任务拆解为可完成的小目标；可以一起建立简单的整理归档系统，以便更好地找到方向；可以引导学龄孩子尝试子弹笔记②等工具。爱做梦的孩子没有错，如今与未来的社会，都需要这样的梦想家！

被称为"依恋激素""拥抱激素"的催产素，其受体基因及催产素释放酶基因同样存在变异类型，这些变异会导致人体内催产素

---

② 子弹笔记（Bullet-Journaling），一种简洁高级的手账记录方法。——编注

浓度差异，进而影响人的基本情绪、自我价值感、压力应对能力和共情互动——同样可能引发攻击行为或情感淡漠。值得注意的是，这种激素的作用效果仍取决于儿童的成长经历：携带特定基因变体的儿童在逆境中更容易出现情绪问题，而其他变体携带者则容易表现出更强的复原力。

共情能力在社会中如此重要，以至于父母们很容易产生压力或担忧：我的孩子共情能力太弱了怎么办？人们几乎下意识地就会把共情能力弱的孩子归类为反社会人格。共情能力对人际交往固然至关重要——它是道德发展的基石，也是公正待人的基础。但对着共情能力弱的孩子说"你就不能体谅体谅其他小朋友吗"根本无济于事。共情不是传统意义上的知识技能，它是在基因设定的框架内，通过良好的人际关系和稳定的依恋关系逐渐形成的。被现代社会奉为圭臬的道德观念（在全球化时代确实极其重要），既建立在共情基础上，也取决于家长和社会的言传身教：父母的行为举止为孩子勾勒出道德认知的蓝图。对于共情能力较弱的孩子，这种环境塑造尤为重要。这里又回到了前文提到的矛盾——父母对子女的期望与自身示范的差距：当家长在日常生活中示范排挤他人、等级观念（包括家庭内部的）和歧视行为时，孩子很难培养出不同的道德准则，其道德行为往往会局限于自己所属的群体。如果我们能构建一个广泛、多元的归属共同体，并在此范围内践行道德行为，孩子就能习得这种群体行为准则。此外，还可以引导孩子进行共情互动：与孩子探讨情绪及表达方式，通过图书观察面部表情，玩情绪认知游戏，讨论如果觉察到他人情绪时该如何应对。家长尤其要注意管理自己的期许，不要一再期待孩子完成其能力范围之外的事。即便是共情能力未达预期的孩子，也依然是美好的存在。

由此可见，孩子们生来就存在着巨大差异。特别是对于那些被成年人贴上"难以管教"标签的特质——攻击性强、注意力集中时间短、多动等，实践表明，强硬手段、驯化适应或挫折教育都非良策，真正有效的是细腻的、共情的引导和陪伴，并辅以清晰稳定的规则。研究表明，父母越是具备引导孩子和设立界限的能力，孩子使用暴力的就越低。[5]孩子的攻击性是正常的，但需要学会通过合适的渠道去释放（而非伤害或辱骂他人）：有的孩子可能通过体育运动来转化攻击性，有的则通过艺术创作来疏导。当父母面对爱哭闹或攻击性强的孩子时，虽然教养过程确实格外耗费精力，但正是这些孩子更需要充满爱意的陪伴——这对他们的压力调节系统至关重要。因此，社会更应该思考如何为这类家长减负赋能，使其储备足够的心理资源来满足孩子的需求。在此我们再次看到：陷入困境的家长缺乏支持体系，这本质上是一种结构性暴力。神经生物学家妮可·斯特吕贝尔指出："面对难以管教的孩子，我们更不能放弃。他们比其他孩子更需要我们温柔的呵护。"[6]这种理念也应当体现在教育方案中，所以必须根据儿童多样化的特质来调整教养方式。孩子们在兴奋阈值、可安抚性、活动强度、注意力分散度及情感表达方式上各不相同：有的喜欢长时间拥抱获得身体接触的满足，有的则通过打闹嬉戏来建立肢体联结。关键在于观察并理解每个孩子的独特性。虽然基因设定了初始框架，但最终形成的人格特质始终受环境影响。根据成长经历的不同，相同气质可能发展为迥异的人格。这既解除了家长的心理负担（并非所有问题行为都归咎于"教育失误"），同时也启示我们，基于个体特质的因材施教何其重要。

人类神经生物学特征的差异谱系极为广泛。过去人们常认为某些神经学上的少数群体本质上是病态的，如今我们对神经多样性的认知已发生根本转变——孤独症、注意力缺陷多动障碍（ADHD）、计算障碍、阅读障碍等神经差异现象，已被视为基因行为模式的自然变异，且获得了尊重，这就是我们所说的"神经多样性"理念。这一认知对儿童教育尤为重要，它彻底改变了我们看待孩子的方式，更清晰地指出：每个孩子都必须作为拥有独特需求的个体被理解。特别是那些不符合神经学上典型标准（即偏离平均水平）的儿童，他们在某些方面需要差异化的引导——与其他孩子同样以需求为核心，只是实现的方式可能有所不同。因此，以需求为导向的教育绝非一份简单的待办事项清单，而是一种对待人类、陪伴成长的根本态度。

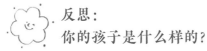 **反思：**
你的孩子是什么样的？

　　在日常生活中，我们往往只是笼统地将孩子视为"孩子"。那么，他们在各个方面的真实特质究竟如何？是腼腆内向，还是开朗外向？是更具攻击性，还是温和顺从？是容易暴怒，还是需要强烈刺激才会发怒？请以完全客观、不带评判和期待的态度，仔细观察孩子的性格特征，并绘制出他们的特质图谱。你可以借助下表勾选对孩子的观察项（某些项目可能因年龄不符需要调整或补充）。定期进行这样的练习，不是为了给孩子贴标签或打分，而是为了全面感知孩子立体的生命状态。

攻击性的	—┼┼┼┼┼┼┼—	温柔的
易怒的	—┼┼┼┼┼┼┼—	不易怒的
放肆的	—┼┼┼┼┼┼┼—	内敛的
需要变化	—┼┼┼┼┼┼┼—	更需要重复
喜欢既定日常	—┼┼┼┼┼┼┼—	日程也可以不受规定
说话多	—┼┼┼┼┼┼┼—	说话较少
观察多	—┼┼┼┼┼┼┼—	观察少
喜欢和很多孩子玩	—┼┼┼┼┼┼┼—	更愿意独自或和少数其他人玩
很少运动	—┼┼┼┼┼┼┼—	持续运动

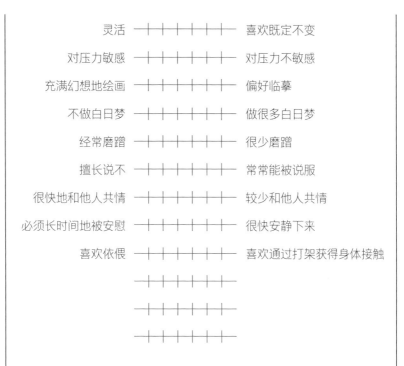

灵活 ——|—|—|—|—|—|—|—|—|—|—|—|—|—|—|—— 喜欢既定不变

对压力敏感 ——|—|—|—|—|—|—|—|—|—|—|—|—|—|—|—— 对压力不敏感

充满幻想地绘画 ——|—|—|—|—|—|—|—|—|—|—|—|—|—|—|—— 偏好临摹

不做白日梦 ——|—|—|—|—|—|—|—|—|—|—|—|—|—|—|—— 做很多白日梦

经常磨蹭 ——|—|—|—|—|—|—|—|—|—|—|—|—|—|—|—— 很少磨蹭

擅长说不 ——|—|—|—|—|—|—|—|—|—|—|—|—|—|—|—— 常常能被说服

很快地和他人共情 ——|—|—|—|—|—|—|—|—|—|—|—|—|—|—|—— 较少和他人共情

必须长时间地被安慰 ——|—|—|—|—|—|—|—|—|—|—|—|—|—|—|—— 很快安静下来

喜欢依偎 ——|—|—|—|—|—|—|—|—|—|—|—|—|—|—|—— 喜欢通过打架获得身体接触

　　尝试将每个特质都解读为优势：害羞可能意味着敏锐的观察力，情绪激烈可能代表感受力丰富，那些处于中间值的特征，或许正体现了孩子出色的平衡能力。关键在于认知重构——当我们转换视角，那些曾被视作"问题"的特质，往往闪耀着独特的优势光芒。一个不爱主动社交的孩子，可能正以审慎观察者的姿态深度理解世界。我们对他人特质的认知，本质上都是一种主观诠释，而父母最重要的修炼，正是培养这种将"特点"转化为"亮点"的洞察力。

感知情绪、重视情绪
并与之共处

　　人们常常倾向于将自己的感受泛化：当外面天寒地冻时，便认定所有人都会冷；当暑气蒸人时，又觉得他人同样燥热难耐。若自己觉得某个玩笑有趣，便难以理解他人为何无动于衷。这种认知偏差在育儿过程中尤为明显——当孩子坚持"我不冷，不想穿外套"时，父母担忧孩子着凉之际，潜意识里却藏着"小孩子根本不懂冷暖"的成见。这种"儿童无法准确感知情绪"的观念其实根深蒂固。从儿童医疗史可见，尽管现今婴幼儿医疗手术都会实施麻醉，但三十年前却并非如此[7]——20 世纪 80 年代末，早产儿手术仅使用肌肉松弛剂而不施麻醉，因为当时学界认为婴儿大脑尚未发育出痛觉感知能力。即使到了 2015 年，《德国医学杂志》（*Deutsche Ärzteblatt*）仍记载："许多重症医师认为镇痛对婴儿疼痛性手术来说并非必需。他们强调，拥抱、喂养比止痛药更能保障婴儿舒适度，糖水至今仍被广泛用作止哭良方。"[8] 这种疼痛处理的缺失，往往会造成伴随终生的身心创伤。由此可见，上一代人对于"儿童疼痛感知"的认知与实际情况相去甚远。即便在今天，仍然可以常常在游乐场听到："这根本不疼！"或是"别这么娇气！"事实上，婴幼儿不仅能感知疼痛，其敏感度甚至远超成人——这一科学认知尚未在全社会普及。神经科学教授莉丝·埃利奥特（Lise Eliot）指出："疼痛感知与触觉一样，是婴儿发育最完善的感觉系统之一。"[9] 特别值得注意的是，疼痛感知并非固定不变，而是随身心状态波动：孩子可能为一根小刺哭闹不休，也可能对流血伤口毫不在意。但无论哪种情况，他们的感受都是真实的。作为父母，我们既不能凭主观判断，也不该以是否见血或兄弟姐妹的在类似情况下的反应作为衡量标准，而应根据孩子实际需求给予安抚。

回到外套的问题上——这个问题往往被误解为权力对抗，实则源于真实的感知差异。每个人的体温感受会随身体状态变化，且人体冷觉感受器的分布密度本就不同。[10] 与其否定孩子的体感，不如坦诚交流："妈妈觉得冷，要穿外套，你的外套我也带着，等你觉得冷时就能穿上。"如果在出门的时候强迫幼儿穿外套，就意味着从一开始就错了：许多幼儿会因被管束而立即产生抵触情绪，甚至用一句"那你自己穿吧"来拒绝家长的控制——局面就此陷入僵局。更明智的做法是，从一开始就保留孩子的自主权，只需随身携带合适衣物即可。这套方法对青少年同样适用。

另一个父母经常否定孩子感受的领域是饮食口味："这个明明很好吃啊！"和成人一样，孩子天生偏爱甜味和咸味，而对预示危险的苦味和酸味抱有警惕。虽然现代培育技术已使许多蔬菜苦味减轻，但其微量苦味物质仍能被儿童敏感的味蕾捕捉。[11] 此外，味觉在童年时期持续发展且具有可塑性。但孩子在幼儿时期普遍存在"新食物恐惧症"——这是独立行动后的孩子避免误食难吃的东西的自我保护机制。与其强行说服孩子"这个必须吃"或"这个很好吃"，不如不断提供尝试机会。有时孩子口味变化快得出乎意料，相同食材换种做法就能引起他们的兴趣。孩子有权拒绝某些食物，口味差异本就正常，而坚持提供尝试机会也同样合理。但这既不意味着要准备无数替代品、重做菜肴，也不等于只能供应甜点和薯条。给予孩子安全的陪伴，并不意味着要满足他们的一切要求，而是不逾越其界限。作为父母，我们的责任是为孩子提供健康且符合需求的饮食。在此过程中，我们应在力所能及的范围内考虑孩子的意愿，但也不应走向另一个极端——完全放弃引导，尤其是在健康饮食方面。我们更不应因为害怕面对孩子的情绪，或不愿处理不愉快的冲突而改变原则。诚然，当孩子因为想吃布丁而非豌豆土豆泥而在餐桌旁发脾气时，这确实令人疲惫。但父母的责任不是逃避孩子的情绪，而是接纳它们并找到妥善的处理方式。作为成年人，我们也要学会坦然面对幼儿对食物的嫌弃——"看起来好恶心"或"好难吃"这样的话，孩子们确实会说。也许他们真是这么觉得的，但这并不值得我们动怒。家长愤怒的根源究竟是什么？是因为孩子觉得饭菜难看？还是因为觉得自己的付出未被重视？

有时，成年人试图通过让步来回避某种情绪，或用套话轻描淡写地带过："这很正常啦！""别难过了！"要么就用其他事情转移孩子的注意力。但重要的是，让孩子能够自己处理情绪；父母不该简单地分散其注意力，而应安抚他们并陪伴在侧。当婴儿在尿布台上哭闹抗拒换尿布时，家长拿出橡皮鸭转移其注意力。但这并未寻找到孩子换尿布过程中生气、不愿意配合的原因。我们转移了孩子的注意力，这种方式让孩子错失了学习建设性解决问题的机会，反而学会了用分心来逃避自己的情绪和顺从。尽管艰难，但父母必须经历这个过程，面对所有情绪，很多时候更要学会在陪伴中包容孩子的情绪——这正是为人父母的职责所在。相信自己，一定能做到。不必抓狂，不必动怒，只需保持坚定。我们既是让孩子靠岸停泊的安全港湾，也是抵御风暴的坚固堤坝。

即便婴儿还不会说话，父母也可以放弃转移注意力的方式，转而与他们交流："哦，你在反抗呢，我猜你现在不想换尿布，对吗？"明确说出我们认为孩子此刻可能的感受，既能让我们更清楚问题的本质，也能据此调整行为方式。

这一切的核心在于接纳孩子的情绪。因为情绪客观存在，具有其内在价值。父母既没有资格，也没有权利否认孩子的情绪。许多育儿场景中，父母粗暴呵斥"别这么矫情"，若换成成人视角就很容易理解了：当伴侣提出分手、闺蜜宣布绝交、期待已久的聚会突然取消……孩子们只是用不同于成人的方式表达情感。处理这种悲伤——以及那些极致的喜悦——确实很难，尤其当自己从未被允许拥有如此强烈的情绪时。我们很容易陷入固有模式：压抑、贬低、否认、斥责。但孩子所体验的情绪本质，其实父母都懂。我们心知肚明，"别难过了！"或"快别生气了！"这类话语，永远无法真正帮助孩子处理情绪。这种对情绪的敷衍和漠视，会在当下给孩子留下苦涩的滋味。当类似经历不断累积，孩子就会逐渐明白：真实的情绪在父母这里并不受欢迎。这导致他们在情感上对我们越来越沉默。许多家长在孩子上学后会抱怨："为什么他有事不来找我？"或是"她从来没说过在学校被孤立！"——其实，情感开放的基石早在童年初期就已奠定。因此，我们必须营造包容开放的氛围，让孩子确信所有情绪都能被接纳。

这里又涉及了孩子的差异性，正如儿科医生托马斯·博伊斯（Thomas Boyce）所说，有些孩子如同"蒲公英型儿童"，在任何环境都能茁壮成长；有些则是需要精心呵护的"兰花型儿童"，需要细腻、体贴的呵护。虽然兰花型儿童特别依赖父母对其情感的敏锐回应，但以同样方式对待蒲公英型儿童也绝无坏处。

日常生活中的诸多场合中，家长会否定孩子的感受："别大惊小怪的。""这根本不恶心。"或是"人家是喜欢你才这样！"——比如"埃德加捉弄你其实是因为对你有好感，你要友善对待他！"这类解释，给孩子传递了完全错误的认知。父母以成年人的权威告诉孩子——你的感受是错的，你的理解有问题，并且让他们相信这种扭曲的认知才是正常和正确的。那些被迫否定自己真实感受的孩子，会逐渐形成对自我和环境的病态认知——他们与真实的自我产生了割裂。这在男孩教育中尤其明显：当疼痛、失望等情绪被不断否定，而勇气、毅力和坚强被过度推崇时，这种差异化的情感对待会深刻影响他们的自我认知和人际关系。但这一现象不仅限于男孩，父亲同样应该像其他家庭成员那样，拥有表达情感的权利——父亲也会受伤、会疲惫、会悲伤。

所以情绪
都是生活的一部

多彩的调色板

孩子在以下方面
各有不同：
易怒程度、易安慰程度、
表达、积极性……

孩子决定他的感觉
而不是

生活的本质就是由丰富的情感光谱构成的，孩子的世界亦是如此。所有这些情绪都有存在的权利，因为这就是真实的人生：有时痛彻心扉，有时妙不可言。我们总幻想童年应该像《长袜子皮皮》里的玫瑰色泡泡，但现实并非如此。当父母总是期待孩子保持快乐满足时，实际上也是在他们肩上压了沉重的负担。孩子会愤怒、会幸福、会受伤、会勇敢、会恐惧——这些情绪可能在一天之内就会交替出现多次。

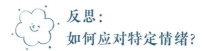

反思：
如何应对特定情绪？

重点不在于对孩子的每种情绪都进行共情，也不在于完全理解所有情绪；关键在于尊重和接纳孩子当下的真实感受，接纳他们在特定情境中产生的情绪。要达到这种接纳，我们需要先直面自己的情绪反应：我在什么情况下会产生什么感受？我又会如何应对这些情绪？

当我的孩子哭泣时，我感到 ＿＿＿＿＿＿＿＿＿＿＿，
并会以 ＿＿＿＿＿＿＿＿＿＿＿＿＿＿＿＿＿＿回应。

当我的孩子愤怒尖叫时，我感到 ＿＿＿＿＿＿＿＿＿，
并会以 ＿＿＿＿＿＿＿＿＿＿＿＿＿＿＿＿＿＿回应。

当我的孩子开怀大笑时，我感到 ＿＿＿＿＿＿＿＿＿，
并会以 ＿＿＿＿＿＿＿＿＿＿＿＿＿＿＿＿＿＿回应。

依恋、教育与学习
——为什么游戏是人生的学校？

父母迫切希望改变或促进的另一个领域，便是孩子的学习。毕竟，教育被视为成功的钥匙——在这里，代际裂痕再次显现。过去教育侧重知识的内化积累，如今已向前迈进。"我不需要知道一切，只需知道在哪里能查到"这句常被嘲笑的话，其实颇有道理。在这个急速变迁、充满挑战的时代，培养孩子创造性地处理信息的能力和实践技能尤为重要。现代教育的核心不再是死记硬背多少首诗，而是培养这样的能力：获取信息（通过何种途径），评估质量（尤其针对虚假信息），筛选内容（哪些是真正需要的），应用于实际问题。真正的教育更意味着独立思考、洞察关联及保持批判精神。当然，专业领域知识（如新技术研发所需）仍然不可或缺——后文将探讨多元化的学习方式。

当过去的阴影笼罩着我们，创伤让大脑丧失制定复杂、可持续方案的能力，只能不断重复那些看似简单有效却固守现状的旧方法。唯有先处理好这些创伤，才能真正在认知上开拓崭新、富有创造力的解决路径，而不受潜意识的束缚，萌生前所未有的新思路。因此，我们必须抛弃教育中那些陈旧的烙印和阴影，这样才能让孩子获得朝新方向思考的能力，创新且愉快地处理问题。尽管工业化国家的人们大多生活优渥，不必直面自然灾害或战争的直接威胁，但许多人仍背负着创伤或其他压力——这些内在焦虑与个人不满会持续侵蚀思维能力和创造力。有时，这种压力会转嫁到孩子身上：

父母对他们的学习成绩不满意，无休止地监督和"培养"，直到筋疲力尽。若父母自身价值感低下，更会因焦虑而过度鞭策孩子，要求他们完成超出能力或必要范围的事。但这真能达到预期效果吗？答案是，压力会吞噬快乐——而快乐恰恰是学习最重要的动力。如果希望孩子能够真正掌握能力，那么关键在于让他们从所做之事中获得快乐。

另一个至关重要的能力是团队协作——这需要以社交能力为核心，注重共处与对话。在团队中，不同性格特质与处事方式的人能相互激发潜能：沉稳缜密者可与富有冒险精神的创意者碰撞出新火花。培养这种团队协作力，恰恰需要以尊重为根基的教育方式和相处之道。

想必大部分人都记得当年死记硬背单词和数学公式的枯燥，记得因学习问题与父母争执不休的压抑，记得这些冲突如何磨损亲子关系。当然，学习本可以另辟蹊径——尽管对成人而言，将学习与游戏乐趣相结合并非易事。

事实上，人类天生具备绝佳的学习禀赋——每个人都带着可塑性极强的大脑降生，保持着开放与求知的本能。人会根据所处环境、生活地域和交往人群，自主掌握特定情境中最关键的技能。正因如此，世界各地的儿童在生命初期的几年里就发展出迥异的经验系统，展现出人类卓越的环境适应力。这种适应力不应被批判性地看待（比如在教育领域），它是人类存续的必备能力。这恰恰是人类面向未来的巨大优势——拥有应对变迁、在变化世界中探索新路径的非凡才能。我们通过主动探索、实践感知和试错来习得这种能力。早在出生前，大脑就已形成奖励机制——解决问题后，愉悦感会激发激素分泌，促进神经联结生长。孩子们就是这样，在能力发展范围内通过与世界的积极互动来学习。随着心智成熟，新的经验领域不断拓展，需要独立处理以构建更高阶的认知——就像砌墙时，砖块需要先并列摆放，才能层层垒高。

～～～～～～

42 岁初为人母的安吉拉带着女儿莉莉参加了我的婴儿课程。作为高知女性，她格外重视女儿的潜能开发，因此除了我的课程外，她还报名了 PEKIP 早教班和婴儿手语班。在我的课堂——这里更注重对孩子天性的理解和自由玩耍，安吉拉总是难以克制指导孩子的冲动。当其他父母被鼓励单纯观察孩子时，她频频干预五个月大的莉莉，示范玩具玩法，用语言鼓励她翻身和爬行。尽管我们反复讨论自由成长和自主游戏的重要性，但安吉拉很难适应。经历了漫长适应期后，她才学会退后观察。后来她逐渐掌握记录游戏、观察笔记的方法，这种专注记录的状态有效抑制了她的干预本能。

作为父母，我们常常忍不住干预孩子的游戏过程，这实际上是干预他们的成长轨迹。尤其在生命初期，这种干预实在太容易发生：看着婴儿独自费力翻身时，父母很难忍住不去帮忙，而是静静地等待他们自己翻身；看着孩子学步时踉踉跄跄，便忍不住拽着那双高举过头、根本无法保持平衡的小手，强行带他走路；还没等孩子爬上椅子，就急着把东西递到他眼前……这些举动虽出于善意，却剥夺了孩子自主探索世界的机会，以及独立完成某件事的成就感。

尽管有时确实艰难，但父母必须学会放手。孩子需要探索的自由来发展能力。持续干预会损害孩子的发展潜能，因为好奇心和探索欲是成长的真正引擎。随着孩子长大，对其自主能力的信任越加重要。青少年同样需要通过自主实践来认识世界，即便某些尝试可能失败。这并不容易，因为孩子年龄越大，需要的信任度就越高。当然，幼儿打碎杯子和刚拿驾照的孩子剐蹭汽车是两回事；宝宝独自爬进隔壁房间，和大孩子第一次独自乘火车去见朋友，带给父母的感受也截然不同。

这正是学习与依恋的交汇之处——"安全圈理论"揭示，健康成长既需要扎根的安全感，也需要翱翔的勇气。孩子既要从依恋对象那里获得庇护，也需要获得对于探索的鼓励——父母应当同时扮演安全港湾与起飞平台的角色。每天，孩子都在这个动态平衡中往返：有时寻求亲密，有时向外探索。理解这种行为模式（即便不符合我们的期待）的内在合理性，才是智慧养育的关键。若将孩子束缚过紧，牢牢地"绑"在身边，就不仅限制了其行动自由，更剥夺了至关重要的学习机会——既包括对物的探索，也涉及社交能力的发展。在游乐场等儿童天然社交场所，经常可以看到父母过度干预的情境："把玩具分给小朋友！""现在该让别人荡秋千了！"这些善意的指令，潜意识里却藏着"我的孩子不够好"的焦虑。但孩子们原本就有自发学习的天性与热情，我们要做的，是守护这种天然愉悦的学习状态。过度干预将使他们丧失独立沟通、表达诉求、维护立场或主动展现善意的机会。此时不妨保持观察：我的孩子能自己解决问题吗？会主动提出请求吗？当另一个孩子拿走玩具时，他真的在意吗？当孩子有机会主动求助，或当家长捕捉到那个真正需要帮助的眼神时，孩子也会明白：父母会在他真正需要帮助和支持的时刻及时出现。

但如果孩子拒绝学习呢？当他因种种原因对某些学习内容产生抵触时，父母该如何应对？固然，掌握特定能力至关重要，但我们也不能对学校教育中的困境视而不见。此时需要将目光转向孩子：究竟是什么阻碍了他的学习？有时原因藏得很深，尤其是青春期孩子：可能因变声期羞于当众朗读，或因皮肤问题抗拒课堂展示。这些隐衷唯有通过关怀与共情对话才能发现，绝非质问可得。我们不妨自问：孩子真正的兴趣点在哪里？心理学家库诺·贝勒（Kuno Beller）[12] 提出的方法颇具启发：将孩子不擅长的领域与他热爱或擅长的领域建立联结。从神经科学角度看，这种关联能激发多巴胺分泌——当挑战与成功经验相结合时，学习欲望自然萌发。有时，学习需要创意火花——这份创意，父母同样需要具备。

还需注意一点，学习需要专注力，而专注力取决于张弛有度的平衡。把孩子整个下午禁锢在书桌前毫无益处，只会徒增挫败与压力。相反，学习间隙的或长或短休息、美好仪式和适量运动反而能提升成效。当然，关系层面同样关键——家长要认可孩子的学习过程，共同面对成败得失。作为父母，我们必须预见、接纳并陪伴失败，这本就是终身学习的组成部分。用惩罚对待失败只会抑制学习热情，让孩子陷入无助。唯有经历挫折，孩子才能学会如何从容面对失败——这种能力在当今瞬息万变的世界里尤为重要：企业兴衰更迭，初创公司可能崛起也可能破产，职业轨迹充满变数。真正的能力在于将失败视为转机，懂得寻求帮助，然后重整旗鼓再次出发。有时，父母还需接受孩子选择与我们截然不同的学习路径——

即便出身书香门第，也可能不愿考大学；或是立志成为家族中第一个大学生。这是孩子们自己的人生，幸福应由自己定义。即便我们深信事业成功等于幸福，孩子未必如此认为。凭借稳定的依恋关系和父母的支持，孩子能够获得一个良好的开端，但通往幸福的道路，终须由他们自己选择。

小提琴、芭蕾、编程、架子鼓
——天赋与兴趣的探索之旅

寻找真正适合自己且能带来快乐的道路，往往始于兴趣爱好的探索。有些家长将课外活动视为学校教育的延伸，精心规划各类才艺班，力求与幼儿园和学校的课程形成互补。确实，青少年的大脑具有惊人的可塑性与创造力，乐于尝试新鲜事物。但研究表明，仅提供培训课程并不足以培养真正的特长或兴趣——先天的基因禀赋才是关键。强迫没有舞蹈天赋的孩子学芭蕾，或让缺乏乐感的孩子练小提琴，注定徒劳无功。每个孩子都带着独特的天赋来到这个世界。通过提供合适的尝试机会，他们能逐渐发现自己的才能，并从他人的反馈中获得坚持的动力。[13] 简言之，关键要让孩子享受其中。如若不然，就该允许他尝试新领域——或许是另一种乐器，或许是另一项更适合的运动项目。我们不必强求孩子"坚持到底"，广泛接触才能找到真正所爱。音乐学校的"乐器体验"就是很好的探索方式。在这段发现之旅中，父母的角色是陪伴而非主导：通过倾听提问、观看演出、共同欣赏相关视频来表达支持。真正的兴趣，从来无法被安排，只能在自由探索中被点燃。就算孩子爱上一个我们完全陌生的领域，我们依然可以保持尊重与好奇。

如果青少年迷上了高风险运动——冰球、滑雪、马术、攀岩或越野摩托等——父母的担忧往往会引发激烈争执。此时，了解青少年大脑的发育特点尤为重要：在激素的作用下，负责情绪的脑区异常活跃而敏感，而负责调控的前额叶尚未成熟。青少年渴望冒险刺激，却缺乏风险评估能力。他们探索世界的脚步随年龄增长愈发大胆，体验也日趋复杂。作为父母，我们需要：觉察自身焦虑，理解孩子的需求与能力，共同寻找平衡方案。教养的职责从未消失，只是改变了形式。孩子越大，越需要自由与信任，同时也更需要安全基地的支撑。这份安全感来自：倾听的耳朵，张开的双臂，对"危险兴趣"的坦诚交流。真正的危险，恰恰始于父母闭目塞听、转身离场的那一刻。若能保持亲子对话——即使是关于那些令人不安的青春议题——我们终将在孩子挑战性的愿望中，找到共同前行的道路。

 **反思：**
质疑固有信念

　　在孩子的学习与兴趣培养方面，我们需要特别审视那些根深蒂固的观念，并摆脱内心的压力——这些压力总在告诫我们必须不断激励孩子、加强培养、督促坚持，而非关注他们真正的能力所在。请通过以下问题反思你的教育信念：

　　学习对我来说意味着 ＿＿＿＿＿＿＿＿＿＿＿＿＿

　　教育对我来说意味着 ＿＿＿＿＿＿＿＿＿＿＿＿＿

　　童年时，我在学习上遇到的困难是 ＿＿＿＿＿＿＿

＿＿＿＿＿＿＿＿＿＿＿＿＿＿＿＿＿＿＿＿＿＿＿＿＿

　　童年时，当 ＿＿＿＿＿＿＿＿＿＿＿＿＿＿＿ 的时候，

我会乐于学习。

　　我的孩子喜欢学习 ＿＿＿＿＿＿＿＿＿＿＿＿＿＿＿＿，

对 ＿＿＿＿＿＿＿＿＿＿＿＿＿＿＿ 有特别的兴趣。

　　在兴趣偏好方面，我与孩子的不同在于 ＿＿＿＿＿＿

＿＿＿＿＿＿＿＿＿＿＿＿＿＿＿＿＿＿＿＿＿＿＿＿＿

打破性别的刻板印象

对孩子的塑造与规范，也体现在身体和性别上。这种影响往往在孩子出生之时就开始了："生了个男孩！"或"生了个女孩！"——随之而来的便是淡蓝色或粉红色的全套视觉包装。在社交媒体上，我们看见爆裂的气球撒出对应颜色的彩纸，满月酒从邀请卡到餐巾纸都采用"相应"的颜色。从婴儿服饰到儿童玩具，我们深陷阿尔穆特·施内林（Almut Schnerring）和萨沙·韦兰（Sascha Verlan）在《粉蓝陷阱》一书中所描述的困境——女孩被安排玩温顺家居类玩具，男孩则获得机械手工类玩具。

~~~~~~~~

在我大学时期参与的一个研究项目中，某家定期调研的幼儿园里有个叫马吕斯（Marius）的孩子引起了我的注意。每天早晨母亲送他到幼儿园后，这个男孩总会立刻脱下外套和鞋子，直奔"角色扮演角"，换上裙子和高跟鞋——日复一日，雷打不动。班上的孩子们对此泰然处之，甚至他还有两位固定的玩伴。但保育员却难以接受，不断试图引导他参加更"符合男孩气质"的活动。当马吕斯不能如愿玩耍时就会哭泣，反而因此招来其他孩子的嘲笑。我不知道马吕斯后来如何了，但我想：若那位保育员能跳出僵化的男女分类框架，那么马吕斯的幼儿园生活就能更轻松、更受尊重。

在日常生活中，必须打破前文提及的"粉蓝标签"。人们常说：

"颜色属于所有人！"不仅颜色，游戏方式和服装也应对所有儿童一视同仁。男孩不能穿裙子？作家兼社会活动家尼尔斯·皮克特（Nils Pickert）[14]对此持有不同看法——当他的儿子想穿裙子时，这位父亲选择支持，自己也穿上裙子，既弱化了这种刻板印象，也向孩子表明这样的愿望完全合理。既然男孩有穿裙子的意愿，为何要禁止？当我们觉得某件婴儿装很可爱却因其"非男童款"或"非女童款"而放回货架时，正暴露了自身的刻板思维。若中意那件荷叶边连体衣，为何不能购买？若女孩执意要穿黑色工装裤，又有何不可？难道只因这样"不够女孩气"？女孩为何不能在工作台前玩玩具打磨机？事实上，没有任何合理理由能够剥夺孩子探索世界的权利，相反却有无数理由支持我们反其道而行——允许孩子尝试他们感兴趣的一切。每个孩子都有权体验并表达所有情感。这意味着无论男孩女孩，都可以既狂野叛逆、勇敢激进，又温柔细腻、富于幻想。二元性别体系的一个弊端就在于，儿童会通过成人强加的性别身份被动地接受刻板的角色定位：女孩就该文静、体贴，男孩必须强势、活泼。但神经生物学研究证实，这些特质远非常说的那么"与生俱来"。神经生物学家莉丝·埃利奥特明确指出："对于儿童的性别认同及与之相关的各种具体行为表现——构成自我认知的核心部分，后天教养起着至关重要的作用。"[15]尽管不同的生理性别在认知能力与人格特征上存在先天差异，但这些差异实则微乎其微。正因如此，教育过程中我们必须警惕刻板印象，时刻牢记大脑的可塑性，运用这一科学认知来因材施教。当然，将"顽劣男孩"的行为归咎于睾酮作用，或将"内向女孩"的表现归因于先天女性气质，这种解释确实省力——但如此便逃避了真正观察孩子的责任，也偏离了为人父母的使命。"自由陪伴"绝非放任自流，而是要求我们真正看见孩子，在其能力范围内提供引导。这一原则同样适用于性别议题：每个孩子都应当获得超越性别框架的机会，去尝试、练习并精进各项技能。

所有孩子都需要找到宣泄情感的渠道，因为压抑和隐藏感受终将引发问题。不仅如此，预先设定的性别刻板印象更会让孩子在未来陷入那些我们正深受其害的社会困境：默认由母亲主要承担育儿责任，而非家庭成员公平地分担照护孩子的工作；长期精神负荷直至职业倦怠；养老保障缺失；父亲被排除在情感关怀与育儿工作之外；温柔与脆弱的天性遭到压制，并引发社会后果；有毒的大男子主义……正因如此，若想为孩子创造一个健康、宜居的未来，就必须让他们摆脱性别标签的束缚，无论是行为规范还是性别分类上。男孩无需符合"男子汉气概"的标准，女孩不必迎合"女性特质"的模板。而要实现这种解放，就必须允许儿童自由游戏、自由着装，不受任何评判。

与性别刻板印象紧密相连的，就是对儿童身体形象的期待——这种期待在幼年时期就可能给孩子带来压力。逛婴幼儿用品区时，经常能看到给最小号身材设计的紧身打底裤、牛仔裤、短裙，或是印着"小美女"之类期待字样的 T 恤。社会要求女孩必须可爱、漂亮、苗条，甚至要带点性感；男孩虽然可以粗犷些，但绝对要有运动感。这些关于儿童"应有形象"的预设，不仅影响着人们的行为，更左右着孩子们应对这些要求的方式。饮食失调的普遍程度远超我们想象：2003 至 2006 年在德国开展的"儿童青少年健康调查"（KiGGS）数据显示，"疑似饮食失调的女孩占比 28.9%，显著高于男孩（15.2%）——但后者比例同样不容忽视"[16]。值得注意的是，随着年龄增长，女孩出现饮食失调症状的比例持续上升，而男孩的比例则会下降。这项研究中疑似患有饮食失调的儿童，往往还伴有心理和行为问题。虽然研究指出，社会经济地位或移民背景等因素也会影响饮食失调的形成，但社会对"完美儿童形象"的期待——以及对孩子本真样貌的接纳不足——同样给家长和孩子带来了巨大压力。被认为外貌出众者更易获得成功，他们能得到更多的支持与认可。这种"光环效应"[17]让人们从单一特质（吸引力）推断出其他无关品质。正因耳濡目染甚至亲身体验过这种现象，"颜值压力"最终也渗透到育儿行为中——父母开始真正地"塑造"孩子：严格监控孩子的饮食内容和分量，禁止某些食物，或敦促增加运动量。而这一切的出发点，已非让孩子享受运动乐趣，而是刻意打造"完美体型"或"消除婴儿肥"。

最终，孩子也会内化这些"应该成为什么样"的形象标准，并由此承受压力。不仅芭比娃娃、动画片和童书中的漂亮角色、广告里的完美儿童在向他们传递审美标准，我们成年人也难辞其咎——正是我们的言行，让孩子带着批判的眼光看待自己的身体。清晨站在镜前对自己说"今天要打扮得漂亮点"；节假日大餐后，又抱怨自己"胖了好几斤"。在社交媒体上，孩子们看到我们总是上传经过滤镜处理的照片。有时我们甚至会对他人外貌品头论足。这些日常生活中的细节，都被孩子敏锐地捕捉并内化为自我要求。这种影响远早于他们开始观看模特选秀节目或阅读青少年杂志——从生命最初阶段，儿童就暴露在审美标准的规训之下。

因此，父母至少应该在家中为孩子提供一个能够接纳一切的避风港，帮助他们淡化外界纷扰的影响。家庭本应是一个充满爱和安全感的所在，若连这个空间都开始质疑孩子的身体完整性，无法保护他们与自我认同的身体和谐共处，那将多么可悲。每个孩子（和成人）都应当有权让自己的身体感到舒适，无论其外形如何。只要内心自在且健康，不因外界压力而产生"不正常"的焦虑，那么他本真的样子就足够好——这同样适用于孩子。那些信任父母并感受到被接纳的孩子，往往能建立更健康的身体认知。为此我们能做什么？用爱陪伴孩子。停止一切评判——既不说"可惜这孩子脚太大了"，也不抱怨"这么好看的衣服居然穿不下"。在饮食上施压只会加剧问题：当我们禁止某些食物时，引发的往往是争吵、心理问题，或孩子偷偷暴饮暴食的行为。保障健康饮食和运动确实是父母的责任，但若简单粗暴地强制要求，就等于把责任转嫁给了孩子——让他来承担"必须做什么或不能做什么"的压力。是的，这些责任有时令人疲惫不堪，但逃避责任却是种暴力行为，最终会让孩子不堪重负。

即便抛开身材标准不谈，也不是所有孩子都符合传统审美定义中的"漂亮"。正如每个孩子的性格与兴趣各不相同，外貌特征也同样千差万别。父母的责任，是帮助孩子在现有状态下获得自我认同——或许按照当下审美标准，孩子的耳朵显得过大，双腿不够修长，头发是黯淡的亚麻色而非流光溢彩。这些都可能存在。但每个孩子都有权被无条件地爱着，有权将自己的身体视为最恰如其分的存在。因为他们在父母眼中看到的，正是这样完整的镜像。

反思：
打破性别的刻板印象

在身体形象与审美标准方面，许多父母都背负着来自自身成长经历的沉重包袱。值得审视和反思的是，什么产生了影响，又是如何影响的。请借助以下问题与句子进行深入思考：

我从小被教导女孩应该是 _____ 的

我从小被教导男孩应该是 _____ 的

在日常生活中，我注意到这些性别刻板印象：

_____

关于身体自主权与身体认知，我的童年记忆是：

_____

在身体意识方面，我想传递给孩子的理念是：

_____

* 建议再仔细审视一下儿童房布置和童书内容。

家庭中的
对话文化与沟通之道

在让孩子自由成长的道路上，摩擦在所难免——或许因为已然内化的固有观念时不时会造成阻碍，又或许某些行为确实触及了父母不愿妥协的价值观。这些摩擦不仅正常，甚至有益：孩子们需要学习并内化一种不基于等级压制，而是真正平等对话的冲突解决方式。与孩子展开讨论，绝非父母软弱或无能的体现——尽管常有人质疑："什么？你居然跟孩子讨论，直接下命令就行了！"当然，某些原则性问题确实没有商量余地。但在这些少数情况之外，我们更需要留出时间：不仅要允许冲突存在，更要真诚面对。这意味着既不强行贯彻家长意志，也不为息事宁人而妥协，而是与孩子共同审视问题根源，探索解决方案。日常家庭冲突往往另有深意：孩子不想继续走路了，这不是问题；今天不想吃西蓝花，这不是问题；推开父母，甚至说"爸妈真讨厌"，这也算不上问题。这些情境中真正的问题，往往根植于我们内心深处的固有认知，即关于"孩子应该怎样"或"父母必须如何反应"的刻板观念。实质的症结可能是：迟到压力触发了焦虑，对食物的执念来自童年阴影，或是孩子肢体冲撞让父母感到权威受损。作为父母，我们有责任透过表面冲突，识别背后真正的原因。一旦看清问题本质，就会意识到，许多争执其实毫无必要。若因害怕迟到而焦虑，不妨先打电话告知要拜访的人稍晚抵达，或干脆直接抱起孩子赶路；若孩子拒绝吃西蓝花，大可留在盘中；当孩子推搡时，只需平静道："你可以生气，但请换种方式发泄。"甚至提议："如果实在气得不行，可以敲敲我的大腿，因为敲那里不太疼。"而其他情况，则应展开真正平等的对话，让各方都能表达真实诉求。冲突本就是生活的组成部分，它能让我们更清晰地认知自我的需求。孩子们需要的，正是父母以开放坦诚的态度处理冲突的意愿。他们需要这样的机会来展露真实的自我和情感，学会直面父母，培养真诚沟通的能力。这一切，都能通过良性冲突来实现。无暴力教育与自由成长，并非意味着没有问题和冲突，毕竟矛盾无处不在。重要的是，要学会将问题视为契机，而非教育失败。这既是给孩子的礼物，也是父母自我成长的阶梯。

反思：
找到反复出现冲突的领域

　　将冲突视为机遇和财富，这恐怕是最艰巨的任务之一。正因如此，我将其留在了本书的结尾。冲突要求我们再次仔细观察，既要审视固有信念，也要关注孩子。在家庭生活中，那些以不同形式反复出现的冲突，往往指向一个我们尚未直面的核心议题：害怕自己不够好；将自己的饮食或外貌焦虑转移给孩子；自己童年时不被允许发生冲突⋯⋯

　　现在是时候直面这些问题了：家庭中哪些冲突会反复出现（有时以不同形式，但围绕相同主题）？家里的主要冲突领域是什么？当你记录下这些反复出现的核心问题后，请思考背后隐藏着你作为成年人的哪些信念和期待。

结　语

　　让孩子自由而不受扭曲地成长——这是许多父母的愿望，尤其是在认识到了压力、权力和暴力之后，或是感知到孩子不能轻易地被塑造——这就好像是枉费许多力气尝试把方柄插入圆凿。也许有时成功了，孩子让步了——却失去了他本来的样子。但这真的是家庭生活的一个目标吗？每个人都想要压力少一点，想要轻松和自由。也许这就是拿起这本书的原因。因为那些带来压力的东西可以并且必须放下。可以把家庭看作上下级关系和权力结构之外的东西，也可以把平等和尊重当作基本价值。以需求为导向并不是一种教育方法，而是一种教育态度。它是真正无条件地接纳孩子真实面目的艺术，而不是期待他应该变成什么样。

　　用扭曲的和暴力的方法教育孩子，是父母之中由来已久的传统。这种教育在历史中形成，已经随着时间而被改变，但有一种观点仍然植根在人们之中，即只有把孩子"变成什么样"才算是教育好。但孩子已经是自己了，每个孩子都是。每个孩子做自己就是好的，并且值得以其本来的样子被接受和被爱，即使在那些令人疲惫的日子，在那些孩子骂人、把食物扔在地上或是偷偷尝试香烟的日子里。父母可以觉得孩子的行为很糟糕，可以感到着急，可以说"不"或是责骂。但即使在有压力的情况下，有一点必须牢记在心：无条件的爱。孩子有时会做让人觉得可怕的事情，但并不因此就是可怕的人。他们是儿童和青少年，认识世界并做那些孩子和青少年会做的事。父母爱孩子，不是因为其符合自己对孩子的设想。孩子不是为了给予父母爱而存在的，即便他们唤起了父母心中的爱；不是为了拯救亲子关系而存在，即便他们确实丰富了父母的日常生活；不是为了让生活更美丽而存在的，虽然生活有了他们确实变美丽了。他们不服务于任何目的，为父母达成什么或是补偿什么，并非他们的任务。他们可以为了自己的目的而以纯粹的形式存在，且也以这样的形式被接受。这就是所有人本来追求的东西。

用这本书，我们一起研究了肩上的负担，一起经历了过去的几个世纪——过去塑造了人们对孩子的印象，也检查了这几个世纪自己身上留下的痕迹。我希望仅仅这种视角就已经从你的肩上卸下了一些负担，因为它表明，有这种压力并不是大人或是孩子的错。对于教育和童年的印象被一代一代继承下来，却鲜少被质疑。是时候改变这种印象和对教育的观点了：现在，在揭示并且质问过历史，并且在这个视角下重新看待日常生活中的许多部分后，不妨换一种方式观察童年。因为古老的负担没有带来好处，反而让人很难为自己和孩子实现美好的现在和未来。它们留下了明显的和隐藏的伤口，作为父母显然不愿意这样伤害孩子。依恋关系是一个保护系统，而我们应该靠自己或者别人来保护孩子免受这些伤害。

未来将会如何谁也不知道。因此，让孩子去适应某些从过去思想中产生的东西是没有意义的。更好的做法是给予机会，让孩子通过创造力、灵活性、宽容和相互尊重来在这个尚不明确的未来中立足。孩子和大人都需要相信，孩子能够凭心中的自由来走上正确的道路。自由、尊重和接受给予了孩子爱的基本感觉，这种感觉支撑着他，并影响了所有人和人之间的行为。不要相信新时代会拯救世界，也不要把自己和过去几代人遗留的错误当作任务放在孩子肩上。也许孩子还有机会做到。于是，不管现在如何，孩子的未来一定不只是美好的，可能会遭遇许多挑战，会失败，也可能会面对巨大的问题，但他们一定会重新振作，改变思路并行动。而父母能给予孩子的，能够在这些挑战面前使之变强大的，是尊重和爱。孩子以此获得精神上的抵抗力，从而走上旅途，哪怕某天父母不再在他们身边，这种力量也已纳入自身，终身伴随。父母在孩子身上种下这个小小的种子，令其能够一直从中汲取养分——不管发生什么。我在此书中展示了如何在他们身上种下这颗种子，不管背负着多大的负担：把孩子的差别和个性看作珍宝和最高的善。

我们不必害怕孩子，不必害怕其脾气、愿望和行为。和孩子生活并不是争夺权力，谁对谁错也不重要，重要的是幸福。每个家庭的每个个别成员都有权利变得幸福，并且不受暴力地成长。父母也终于有机会在成长中摆脱那种期待，即必须凭借压力和权力。如果让孩子不被扭曲地、自由地长大，那我们也可以不被扭曲地、自由地做父母，也终于可以卸下负担。

是的，孩子有时候是巨大的挑战，也许是我们能参与的最大的冒险之一，因为不知道会发生什么。不知道会迎来什么人，此人会怎么成长。但是孩子都是不可思议的礼物，因为我们可以陪伴他们，以孩子的方式认识世界，此时就又一次见到世界呈现在另一个视角之下。也许那就如同我们本应看待孩子的方式那样：自由而不受扭曲。多棒的礼物啊！

感谢与致歉

许多书的这个位置上都写着，作者多么感谢孩子给他重新展示了这个世界。而我也感谢我的孩子们，使我对于世界，对于暴力和教育的话题有了不一样的理解。即使是我，也有时骂孩子，骂得太多、太大声，我也曾一言不发地拎起孩子把他抱走。我也曾经囿于这种想法："可我的孩子不是更应该学这个，或者考更好的成绩回家，或者培养一个新爱好吗……？"同时，我当母亲马上十二年了，看到了无暴力的方式对于家庭生活有多么大的成效。是的，这不容易，一路上会犯许多错误，成年人必须为此道歉，但非暴力的方式也带来了自由和轻松，这确实是付出这些努力后应得的。这种方式使我们对于孩子有基本的尊重，而尊重把日常生活变得轻松得多。因此我希望尽可能多的父母采纳这种教育方式。我还要感谢我的孩子让我走上了研究为人父母的道路，同样也道歉，因为这条路有时坎坷难行。我希望这个他们有朝一日必须自己承担的负担能通过我的工作变得更少一些，希望无暴力的做法对于他们来说已经变得容易了一些，对他们的孩子——如果他们会要孩子的话，也对其他人。因为无暴力并不是一种方法，而是一种适用于我们整个生活的方式。如果我们开始改变自己，那么这就不只对家庭产生影响。

我感谢我的丈夫，他也在这条艰难的道路上做我的同伴，并且在我筋疲力尽时承担家庭责任，就如我对他做过的那样。在共同生活这么多年，持续交换那些使我们都感到困难的东西时候，我们都知道了这一点。

我感谢许多家庭，他们允许我许多年来与之一路相伴。我能够给他们动力，而他们以如此多样的方式向我倾诉故事、忧虑和困难。我也从他们身上学到很多。本书中的例子都源自他们的经验宝库，是我在多年作为家庭陪伴者的工作中收集而来的。非常感谢Felicia Ewert，她对我在"打破性别的刻板印象"一章中的措辞提出了建议。

我感谢我的校对者卡门·科尔茨（Carmen Kölz）和卡塔利娜·特梅尔（Katharina Theml），他们十分耐心地陪我第二次走过创作一本书的过程，这次的书是在更艰难的条件下——在居家教学和无托儿所的时代——完成的，而这些困难条件同时也为本书注入了有价值的动力。我感谢纳丁·罗萨（Nadine Roßa），她能够为我的思想做美妙的插画，使得这些思想能栩栩如生地呈现出来。

注 释

导言

1. https://www.fritzundfraenzi.ch/gesellschaft/kindergarten/die-zukunft-ihres-kindes-ist-jetzt?page=all.

2. https://www.friedenspreis-des-deutschen-buchhandels.de/alle-preistraeger-seit-1950/1970-1979/astrid-lindgren.

3. Fromm, Erich (2005): *Haben oder Sein: Die seelischen Grundlagen einer neuen Gesellschaft.*München:dtv.、

第一章　今天教育如何起作用

1. Heidrich, Mark/Aschermann, Ellen (2019): »Von Erziehungsstilen zu Erziehungskompetenzen«. In: *report psychologie* 44 6|2019.

2. Vgl. Vollmer, K. (2012):»Erziehungsstile«. In: Vollmer, K.: *Fachwörterbuch für Erzieherinnen und pädagogische Fachkräfte.* Freiburg: Verlag Herder. S. 125f.

3. de Rodriguez, Aida (2016): Erziehung ist Gewalt! Warum es keine Graduierung gibt.http://elternmorphose.de/erziehung-ist-gewalt-warum-es-keine-graduierun gen-gibt/.

4. Saalfrank,Katharina (2020):*Du bist ok, so wie du bist. Beziehung statt Erziehung:Was Kinder wirklich stark macht.*München:GU.

5. 在我们的文化中，孩子的依恋对象一般都是父母或者说其中一方。然而生物学上的亲缘关系在依恋的形成中并不是严格必要的。孩子会依恋那个和他度过了尤其多的时间，并且多数时候满足了其需求的人。不同的依恋对象和孩子度过不同长度的时间，也对于他们发出的信号有不同反应，在他们之间形成了一个依恋程度的排序——常常有（根据家庭模式）一个主要的依恋对象。

6. 更多相关内容见 Bowlby, John (2001): *Das Glück und die Trauer. Herstellung und Lösung affektiver Bindungen.*2. Aufl.Stuttgart:Klett-Cotta.

7. 参见 Forward, Susan (1993): *Vergiftete Kindheit.Elterliche Macht und ihre Folgen.*20. Aufl. München: Goldmann, S.31f.

8. Cassidy, Jude (2008): The nature of the child's ties. In: Cassidy, J./Shaver, P.R.(Hrsg.) (2008): *Handbook of attchment.* 2. Aufl. New York: Guliford Press,S. 3-22. 依恋关系研究者，博士教授卡尔－海因茨·布里希（Karl Heinz Brisch）指出，在德国约有六成孩子有稳定的依恋关系。https://www.khbrisch.de/media/ph_05_2014_bindung_s26s30_2.pdf

9. Powell,Bert/Cooper, Glen/Hoffman, Kent/Marvin, Bob (2015): *Der Kreis der Sicherheit. Die klinische Nutzung der Bindungstheorie.* Lichtenau: G.P.Probst Ver-lag,S.48f.

10. https://www.dgppn.de/_Resources/Persistent/154e18a8cebe41667ae22665 162be21ad726e8b8/Factsheet_Psychiatrie.pdf

11. https://www.pharmazeutische-zeitung.de/ausgabe-042017/stressforschung-fruehe-belastungen-wirken-lange-nach/

12. Hopfner, J. (2001):Wie populär ist pädagogisches Wissen? Zum Verhältnis von Ratgebern und Wissenschaft. In: *Neue Sammlung* 41 (1), S.74 und 77.

13. 更多相关内容见 Strüber, Nicole (2019): *Die erste Bindung. Wie Eltern die Entwick-lung des kindlichen Gehirns prägen.* 6. Aufl. Stuttgart: Klett-Cotta, S. 156f.

14. Saalfrank, Katharina (2020): *Du bist ok, so wie du bist. Beziehung statt Erziehung:Was Kinder wirklich stark macht.* München: GU, S.18.

15. Juul, Jesper (2020): *Respekt, Vertrauen eLiebe: Was Kinder von uns brauchen.*Weinheim, Beltz, S.20.

16. von Braunmühl, Ekkehard (1983): *Antipädagogik. Studien zur Abschaffung der Erziehung.*4.Aufl.Weinheim:Beltz,S.265.

17. Luhmann, Niklas (2002):*Das Erziehungssystem der Gesellschaft.* Frankfurt am Main: Suhrkamp, S. 38.

18. Neubauer, Luisa/Repenning, Alexander (2019):*Vom Ende der Klimakrise. Eine Geschichte unserer Zukunft.* Stuttgart: Tropen, S. 165f.

19. https://kontrast.at/internat-eton-eliteschulen-boris-johnson/

20. Perry, Bruce D./Szalavitz, Maia (2006): *Der Junge, der wie ein Hund gehalten wurde. Was traumatisierte Kinder uns über Leid, Liebe und Heilung lehren können. Aus der Praxis eines Kinderpsychiaters.*9. Aufl. München: Kösel, S. 303.

21. Rich,Nathaniel (2019): *Losing Earth.* Berlin: Rowohlt, S. 227.

22. Mead, Margaret (2006): *Der Konflikt der Generationen. Jugend ohne Vorbild.*4.Aufl.Magdeburg: Klotz.

23. Beck U. (1995): Die »Individualisierungsdebatte«. In: Schäfers, B. (Hrsg.): *Sozio-logie in Deutschland.* VS Verlag für Sozialwissenschaften, Wiesbaden.

24. Hurrelmann, Klaus/Albrecht, Erik (2019): *Generation Greta. Was sie denkt,wie sie fühlt und warum das Klima erst der Anfang ist.* Weinheim:Beltz,S.251.

25. Ebd.,S.75.

26. Franzen, Jonathan (2020): *Wann hören wir auf, uns etwas vorzumachen?Gestehen wir uns ein, dass wir die Klimakatastrophe nicht verhindern können.*4. Aufl.Hamburg: Rowohlt Taschenbuch, S.38f.

27. Bundesministerium der Justiz und für Verbraucherschutz Referat Öffentlich-keitsarbeit; Digitale Kommunikation (Hrsg.) (2016):Meine Erziehung-da rede ich mit! Ein Ratgeber für Jugendliche zum Thema Erziehung. https://www.bmjv.de/ SharedDocs/Publikationen/DE/Meine_Erziehung.pdf

28. https://www.bmfsfj.de/bmfsfj/themen/kinder-und-jugend/kinderrechte/vn-kin derrechtskonvention/vn-kinderrechtskonvention/86544

29.https://www.bmfsfj.de/blob/120474/a14378149aa3a881242c5b1a6a2 aa941/2017-gutachten-umsetzung-kinderrechtskonvention-data.pdf

30.Hofmann, Rainer/Donat, Phillip (2017): Gutachten bezüglich der ausdrücklichen Aufnahme von Kinderrechten in das Grundgesetz nach Maßgabe der Grundprinzipien der UN-Kinderrechtskonvention, https:// kinderrechte-ins-grundgesetz.de/wp-content/uploads/2018/02/DKHW_ Gutachten_KRiGG_Hofmann_Donath.pdf, S.41.

31. https://www.bmfsfj.de/blob/120474/a14378149aa3a881242c5b1a6a2 aa941/2017-gutachten-umsetzung-kinderrechtskonvention-data.pdf, S.66.

32.关于法律表述和儿童权利的更多内容见 :https://verfas sungsblog.de/warum-kinderrechte-ins-grundgesetz-gehoeren/

33. https://www.stiftung-kind-und-jugend.de/fileadmin/pdf/BVKJ_Kinder schutz_0616_Beitrag_Umfrage_2.pdf

34.Stahl, Stefanie (2015):*Das Kind in dir muss Heimat finden. Der Schlüssel zur Lö-sung(fast) aller Probleme.*15. Aufl. München: Kailash, S.25.

35.这一点的相关论述在 »Die aufgestaute Wut in uns« 一节，于 Mierau, Susanne (019): *Mutter.Sein. Von der Last eines Ideals und dem Glück des eigenen Wegs.*2.Aufl. Weinheim: Beltz, S.83f.

36. Perry,Philippa (2020): *Das Buch, von dem du dir wünschst, deine Eltern hätten es gelesen (und deine Kinder werden froh sein, wenn du es gelesen hast).* 3. Aufl. Ber-lin:Ullstein,S.29.

37.社会学家克劳斯·胡勒尔曼把 shehuihua 称为“一个进程”，在其过程中具有生物学特征的人类有机体发展为能进行社会行动的人格，而这个人格通过生活的道路在处理生活条件时继续成长。

38.“白人特权”（white privilege）表示一种情况，即白皮肤很有可能对生活过程产生积极的影响，即使有些白人面临问题及受贫穷之苦。做白人是不言自明的规范，这导致了种族歧视。有色人种中占据权力地位的人数不足以施加针对白人的种族歧视，而反过来却可以。详细内容见 Reni Eddo-Lodge, *Warum ich nicht länger mit Weißen über Hautfarbe spreche.*

39.Mehr über Familienpolitik und rechte Familiennetzwerke hier: https://www.bo ell.de/sites/default/files/2015-02-meinungskampf_von_rechts.pdf

40.Bargh, John (2018):*Vor dem Denken.* München: Droemer-Knaur, S.18.

41. Forward, Susan (1993): *Vergiftete Kindheit. Elterliche Macht und ihre Folgen*. 20. Aufl. München: Goldmann, S.24.

42. Reble, Albert (1999): *Geschichte der Pädagogik*. 19. Aufl. Stuttgart: Klett-Cotta.

43. Das Genogramm ist eine Darstellungsform verwandtschaftlicher Zusammenhänge.

第二章　教育的漫长阴影

1. 由于缺乏合适的文化历史文献，很难对过去几个世纪的童年进行全面分析，下文将探讨欧洲童年的发展情况，同时认识到由于不同的文化和宗教影响，存在着地区和全球差异。

2. 正如后面将解释的那样，现在和过去都不存在所谓唯一的"童年"：童年是不同的，取决于许多因素。当谈论今天的儿童比 150 年前或更久之前的儿童要好得多时，我们指的尤其是工业化国家中那些没有童工、性剥削、战争或忽视和极端贫困的优越童年。儿童援助组织"拯救儿童"（save the children）在其 2020 年 2 月的报告中宣布，自 2010 年以来，联合国确认的针对儿童的严重犯罪数量几乎增加了两倍。2018 年，每六名儿童中就有一名生活在冲突地区。更多信息见：https://www.savethechildren. de/file admin/user_upload/Downloads_Dokumente/Berichte_Studien/2020/ StC_War_on_Children_2020_deutsch_Einzelseiten.pdf

3. 更多相关内容见 Bleisch, Barbara (2018): *Warum wir unseren Eltern nichts schulden*. München: Karl Hanser.

4. Müller-Münch, Ingrid (2016): *Die geprügelte Generation. Kochlöffel, Rohrstock und die Folgen*. 5. Aufl. München/Berlin: Piper, S.61.

5. Keil, Andreas et al. (2015): *Ländliche Lebensverhältnisse im Wandel 1952, 1972,1993,2012: Volume 3, Kindheit im Wandel,* Thünen Report, No. 32,3, Johann Heinrich von Thünen-Institut, Braunschweig, http://nbn-resolving.de/ urn:nbn:de:gbv:253-201510-dn055820-4

6. Hagner, Michael (2010):*Der Hauslehrer: Die Geschichte eines Kriminalfalls. Erziehung, Sexualität und Medien um 1900.* Berlin: Suhrkamp Verlag.

7. Seichter, Sabine (2020): *Das »normale Kind«. Einblicke in die Geschichte der schwarzen Pädagogik.* Weinheim: Beltz, S.53f.

8. 更多相关内容见 Chamberlain, Sigrid (2010):*Adolf Hitler, die deutsche Mutter und ihr erstes Kind:Übezwei NS-Erziehungsbücher.* Gießen: Psychosozial-Verlag.

9. Haarer, Johanna (1934): *Die deutsche Mutter und ihr erstes Kind. München:* J.F.Lehmanns Verlag, S.249.

10. Müller-Münch, Ingrid (2016): *Die geprügelte Generation. Kochlöffel,*

Rohrstock und die Folgen. 6. Auf. München: Piper, S. 98.

11. 同上，S.230.

12. 对此，参见 Omer, Haim/von Schlippe, Arist (2010):*Stärke statt Macht. Neue Autorität in Familie,Schule und Gemeinde.*3. Aufl. Göttingen: Vandenhoeck & Ruprecht, S.26f.

13. Die Psychologin Patricia Cammarata führt in ihrem Buch Raus aus der Mental Load-Falle aus, dass nicht nur in heteronormativen Familien ein Ungleichge-wicht der Belastungen besteht, sondern auch in gleichgeschlechtlichen Familien eine Person stärker mit den häuslichen Aufgaben vertraut ist, sobald ein Kind in die Familie kommt.

14. Vgl. Mierau, Susanne (2019): *Mutter.Sein. Von der Last eines Ideals und dem Glück des eigenen Wegs.*Weinheim: Beltz, S.34f.

15. Perry, Bruce D./Szalavitz, Maia (2006): *Der Junge, der wie ein Hund gehalten wur-de. Was traumatisierte Kinder uns über Leid, Liebe und Heilung lehren können.Aus der Praxis eines Kinderpsychiaters.*9. Aufl. München: Kösel, S. 293.

16. Goldstein,Hillary (2016):»The Relationship between Grandparents and the Ca-ring,Resilience, and Emotional Intelligence of Grandchildren«. ETD Collection for Pace University. AAI10182953.

17. 同上，S.299f.

18. 关于童年的"孤立"，见 Helga (1990):»Organisation des Lebensraums bei Großstadtkindern. Einheitlichkeit oder Verinselung?« In:Bertels,Lothar/Herlyn, Ulfert (Hrsg.):*Lebenslauf und Raumerfahrung.* Opladen:Leske & Budrich.

19. Seichter, Sabine (2020): *Das »normale Kind«. Einblicke in die Geschichte der schwarzen Pädagogik.*Weinheim:Beltz,S.60.

20. https://www.bka.de/DE/AktuelleInformationen/StatistikenLagebilder/Lagebil der/Partnerschaftsgewalt/partnerschaftsgewalt_node.html geht nur bis 2018

21. https://www.bmfsfj.de/bmfsfj/themen/gleichstellung/frauen-vor-gewalt-schuet zen/haeusliche-gewalt/haeusliche-gewalt/80642

22. 虽然本书的重点不是针对儿童的身体暴力和性暴力，但应该指出的是，针对儿童的暴力有不同的表现形式，严重程度也不尽相同，个别类型的暴力也会相互融合，因此身体暴力、忽视和性暴力也意味着心理暴力。

23. https://www.zeit.de/gesellschaft/zeitgeschehen/2019-09/kinderschutz-gewalt-misshandlung-vernachlaessigung-kindeswohl

24. Maywald,Jörg (2019): *Gewalt durch pädagogische Fachkräfte verhindern.* Frei-burg:Herder,S.7.

25. https://www.sueddeutsche.de/politik/elite-internat-am-bodensee-missbrauch-auch-in-salem-1.17388

26. https://www.spiegel.de/panorama/leute/jamie-oliver-starkoch-bestraft-kinder-mit-chilis-a-1003622.html

27. 关于"父母学校"的背景和治疗规划，更多内容见 in Gelsenkirchen hier: https://www.dhz-online.de/das-heft/aktuelles-heft/heft-detail-abo/artikel/elternschule-therapie-oder-ideologie/

28. 迪特玛（Dietmar）在电影《父母学校》中的台词。

29. https://www.dksb.de/de/artikel/detail/elternschule-kinderschutzbund-zu-der-umstrittenen-erziehungs-doku/

30. https://www.dgspj.de/wp-content/uploads/servive-stellungnahmen-film-eltern schule-dezember-2018.pdf

31. 关于立场和媒体报道的详细记录，见赫尔伯特·连茨－博尔斯特博士（Dr.Herbert Renz-Polster）https://www.kinder-verstehen.de/aktuelles/el ternschule-ein-rueckblick/

32. 参见 Mertes, Lilli (2018):*Psychische Gewalt in der Eltern-Kind-Beziehung. Risiko-faktoren und Erkennungschancen.*Hamburg: Diplomica-Verlag, S. 34f.

33. Techniker Krankenkasse Landesvertretung Sachsen-Anhalt/Ministerium für Gesundheit und Soziales des Landes Sachsen-Anhalt/Kultusministerium des Landes Sachsen-Anhalt(Hrsg.)(2010):*Gewalt gegen Kinder und Jugendliche. Ein Leitfaden für Lehrerinnen und Lehrer, Erzieherinnen und Erzieher in Sachsen-An-halt zu Früherkennung, Handlungsmöglichkeiten und Kooperation.* 2. Aufl. Magdeburg.https://www.bundesaerztekammer.de/fileadmin/user_upload/downloads/Sachsen-Anhalt.pdf

34. https://www.der-paritaetische.de/schwerpunkt/kindertagesbetreuung/partizipation-und-demokratiebildung/das-abc-der-beteiligung/adultismus/,12.Juli 2020.

35. Ritz, Manuela (2008):»Adultismus – (un)bekanntes Phänomen: Ist die Welt nur für Erwachsene gemacht?« In:*Handbuch Kinderwelten.Vielfalt als Chance. Grundlagen einer vorurteilsbewussten Bildung und Erzichung,*Freiburg: Herder,S.135.

36. Hurrelmann, Klaus/Albrecht, Erik (2019): *Generation Greta. Was sie denkt, wie sie fühlt und warum das Klima erst der Anfang ist.* Weinheim: Beltz,S.174.

37. https://childrenvsclimatecrisis.org/wp-content/uploads/2019/09/2019.09.23-CRC-communication-Sacchi-et-al-v.-Argentina-et-al.pdf

38. https://www.unicef.org/publications/files/An_Everyday_Lesson-ENDviolence in_Schools.pdf

39. https://www.wiwo.de/politik/ausland/schulen-in-den-usa-schlaege-statt-straf arbeit/14510288.html

40. Vgl.Winkelmann, Anne Sophie (2019): *Machtgeschichten. Ein*

Fortbildungsbuch zu Adultismus für Kita,Grundschule und Familie. Limbach-Oberfrohna: edition claus,S.39f.

41. https://www.sueddeutsche.de/politik/schleckerfrauen-zu-erzieherinnen-ringel reihen-in-der-schlecker-kita-1.1376781

42. Maywald, Jörg (2019): *Gewalt durch pädagogische Fachkräfte verhindern.* Frei-burg: Herder, S.20.

43. Tietze,W.et al.(Hrsg.):*NUBBEK. National Untersuchung zur Bildung, Betreuung und Erziehung in der fr ü hen Kindheit. Forschungsbericht.* Weimar/ Berlin: Verlag das Netz.

44. Arbeitsgemeinschaft für Kinder- und Jugendhilfe (Hrsg.) (2010): *Zwischenbe-richt des Runden Tisches »Heimerziehung in den 50er und 60er Jahren«,* Berlin:AGJ,S.46.

45. Hurrelmann, Klaus/Albrecht, Erik (2019): *Generation Greta. Was sie denkt,wie sie f ü hlt und warum das Klima erst der Anfang ist.* Weinheim: Beltz, S.184.

第三章　哪些地方充满了暴力，要如何做出改变？

1. Mahatma Gandhi (2019): *Es gibt keinen Weg zum Frieden, denn Frieden ist der Weg.* München, Kösel,S.92

2. Das Konzep »Kreis der Sicherheit« bzw. Circle of Security®ist geschützt und darf in der Praxis nur von speziell ausgebildeten Personen unter diesem Titel genutzt werden.

3. Vgl. Kohn, Alfie (2015):*Liebe und Eigenständigkeit. Die Kunst bedingungsloser El-ternschaft, jenseits von Belohnung und Bestrafung.* 4. Aufl. Freiburg: Arbor, S.39f.

4. https://www.haz.de/Hannover/Aus-der-Stadt/Uebersicht/Verwaltungsgericht-urteilt-Super-Nanny-Folge-verstiess-gegen-Menschenwuerde

5. 例如可以在这些 2020 年的评论中看出，这种做法今天如何仍然被当作正确的 : https://www.facebook.com/GeborgenWachsen/posts/1489142917936477?__tn__=-R

6. https://www.youtube.com/watch?v=GThKRpHjx_g

7. Das Thema »Kinderbilder im Netz« ist generell wichtig und wird immer wieder breit diskutiert. Dabei muss abgewogen werden zwischen »Kinder gehören zur Gesellschaft und sollten sichtbar sein - auch im Netz« und der Wahrung von Persönlichkeitsrechten. 互联网上对儿童的印象这个话题普遍来说是重要的，且一再受到广泛的讨论。需要权衡的两方观点是"孩子属于社会且应该是可见的——即使在网上"和对于人格权的保护。一个多层次的视角 Eine vielschichtige Perspektive auf

das Thema findet sich hier beim Kulturwissenschaftler Caspar Clemens Mierau unter https://www.leitmedium.de/2015/04/22/kinderfotos-im-netz-ja-bitte/

8. Fröhlich-Gildhoff, Klaus/Rönnau-Böse, Maike (2019): *Resilienz*. 5. Aufl. Mün-chen: Ernst Reinhardt, S. 30.

9. 关于惩罚的效果和避免惩罚，更多内容见 de Rodriguez, Aida S.(2019): *Es geht auch ohne Strafen! Kinder auf Augenhöhe begleiten*. M ünchen:Kösel

10. Kohn, Alfie (2015):*Liebe und Eigenständigkeit. Die Kunst bedingungsloser Eltern-schaft,jenscits von Belohnung und Bestrafung*.4.Aufl. Freiburg: Arbor Verlag, S.82.

11. Seichter,Sabine (2020): *Das »normale« Kind. Einblicke in die Geschichte der schwarzen Pädagogik*. Weinheim: Beltz, S.168.

第四章 父母的责任

1. Hoffman, Kent/Cooper, Glen/Powell, Bert (2019): *Aufwachsen in Geborgenheit.Wie der »Kreis der Sicherheit« Bindung,emotionale Resilienz und den Forscher-drang Ihres Kindes unterstützt*. Freiburg: Arbor, S. 182.

2. Taylor, Jill Bolte (2009): *My stroke of insights*. London: Hodder &Stoughton,S.146.

3. Omer, Haim/von Schippe, Arist (2017): *Stärke statt Macht. Neue Autorität in Fa-milie,Schle und Gemeinde*. 3. Aufl. Göttingen: Vandenhoeck & Ruprecht, S. 33.

4. Hoffman,Kent/Cooper,Glen/Powell, Bert (2019):*Aufwachsen in Geborgenheit. Wie der »Kreis der Sicherheit« Bindung, emotionale Resilienz und den Forscher-drang Ihres Kindes unterst ü tzt*. Freiburg: Arbor, S.180f.

5. Strüber, Nicole (2019): *Risiko Kindheit. Die Entwicklung des Gehirns verstehen und Resilienz fördern*. Stuttgart: Klett-Cotta, S.288f.

6. Strüber, Nicole (2019): *Die erste Bindung. Wie Eltern die Entwicklung des kindli-chen Gehirns prägen*. 6. Aufl. Stuttgart: Klett-Cotta, S.265.

7. Rosenberg, Marshall B.(2011):*Konflikte lösen durch gewaltfreie Kommunikation.Ein Gespräch mit Gabriele Seils*.13. Aufl. Freiburg im Breisgau:Herder.

第五章 孩子真实的样子以及他们的需求

1. Peschel-Gutzeit, Lore Maria (2012):*Selbstverständlich gleichberechtigt. Eine auto biographische Zeitgeschichte*.Hamburg: Hoffimann und Campe, 5.19.

2. Winnicott, Donald (1990):*Der Anfang ist unsere Heimat:Essays zur*

*gesellschaft-lichen Entwicklung des Individuums.*Stuttgart: Klett-Cotta.

3. Strüber, Nicole (2016): *Die erste Bindung. Wie Eltern die Entwicklung des kindli-chen Gehirns prägen.*6. Aufl. Stuttgart: Klett-Cotta,S.62f.

4. 此处特定到"与母亲的关系"，因为这是研究的结论。

5. Omer, Haim/von Schlippe, Arist (2016): *Autorität durch Beziehung. Die Praxis des gewallosen Widerstands in der Erziehung.* Göttingen: Vandenhoeck & Rup-precht, S.112.

6. Strüber, Nicole (2016): *Die erste Bindung. Wie Eltern die Entwicklung des kindli-chen Gehirns prägen.*6. Aufl.Stuttgart: Klett-Cotta, S. 167.

7. 1985 年，早产儿"杰弗里"（Jeffrey）在没有止痛药物的情况下接受手术，在出生后五周死去。他的案例实质上参与改变了婴儿和早产儿的使用止痛药的情况。更多 内 容 见 https://www.faz.net/aktuell/feuilleton/debatten/schmerz/ueber-den-schmerz-2-als-jeffreys-mutter-fragen-stellte-13012474-p2.html

8. https://www.aerzteblatt.de/nachrichten/62565/Neugeborene-fuehlen-Schmer zen-staerker-als-Erwachsene

9. Eliot, Lise (2003):Was geht da drinnen vor? *Die Gehirnentwicklung in den ersten fünf Lebensjahren.*4.Aufl.Berlin:Berlin Verlag, S.193.

10. https://www.swr.de/odysso/kaelte-warum-empfindet-jeder-mensch-sie-an ders/-/id=1046894/did=12961908/nid=1046894/1u724uj/index.html

11. Renz-Polster, Herbert (2011): Vorsicht, bitter! Achtung, sauer! https://www. spie gel.de/gesundheit/ernaehrung/ernaehrung-fuer-kinder-vorsicht-bitter-ach tung-sauer-a-864814.html

12. 库诺·贝勒（Kuno Beller）设计了成长表格，这至今仍然被用作观察儿童日托机构的工具。在表格中，儿童会在不同的成长领域中得到观察，对这些领域进行评估之后就会看见，哪些领域应该得到推进。为此，这些领域会和表现突出的领域相结合。在我大学时期，我曾经有几年时间能在库诺和西蒙娜·贝勒（Simone Beller）那里工作，并从这项工作中学会了很多。

13. Vgl. Crone, Eveline (2011):*Das pubertierende Gehirn. Wie Kinder erwachsen werden.* München: Droemer, S.179.

14. 对于这个主题，推荐以下这本书 Nils Pickert (2020) Prinzessinnenjungs.Wie wir unsere Söhne aus der Geschlechterfalle befreien. Weinheim,Beltz.

15. Elitot, Lise (2010):*Wie verschieden sind sie? Die Gehirnentwicklung bei Mädchen und Jungen.*Berlin:Berlin Verlag,S.61.

16. Robert Koch-Institut (Hrsg.) (2008): https://www.rki.de/DE/Content/Gesund heitsmonitoring/Studien/Kiggs/Basiserhebung/GPA_Daten/Essverhalten.pdf?_ blob=publicationFile

17. HALO 之名来自英语 halo，即神圣光环。